我為什麼敢大膽買進暴跌股，挑戰獲利300%

巴菲特心法完全實踐者的投資告白

張明華——著

推薦文

找到自己最佳的獲利機會

Jenny Wang（JC財經觀點版主）

二〇二〇年初爆發的新冠肺炎疫情，讓股市創下自一九八七年以來最大單日跌幅，震驚市場上所有的投資人。不過，由於這次疫情是市場非預期的意外，加上美國實質經濟仍然穩健，在企業獲利屢創新高的情況下，反倒提供市場投資人這十年牛市的最佳買進機會。

本書作者張明華先生在此次危機中，專注於具有轉機題材的公司——受到最大衝擊的郵輪業與賭場業，在蒐集詳盡的資訊、理性的進行分析與推理後，趁下跌逆勢買入公司的股票，等待股價回歸到其應有的價值，獲取相當優渥的報酬。

在閱讀本書的過程中，除了深感作者對所投資公司的研究甚深，也相當佩服他將所有的關鍵轉折精彩地描繪出來，記錄這百年難得一遇的歷程，讓讀者重新回顧疫情的發展，從經驗中學習與成長，為下一次的機會做好準備。

美股市場是全世界最棒的獲利天堂，不管讀者屬於哪一種類型的投資人，只要願意花時間研究，在美股中都可以找到絕佳的獲利機會。推薦大家閱讀這本書，從不同的投資邏輯中找到專屬於自己的投資哲學。

推薦文

恐懼中的貪婪

林宏璋（法國巴黎銀行財富管理部門執行副總裁）

烏克蘭首都基輔的天然寒玉床，收息心火、鍛鍊心智，淬出了這本擲地有聲的書。

麥可（作者的英文名）是我多年的好友。他在金融業拚搏多年，成為領軍數百人的高階經理人。奮鬥有成、達到財富自由後，他轉而壯遊四方，開拓眼界。也是因緣際會，旅居基輔期間，竟因新冠肺炎疫情而坐困愁城四個月，換做是我，可能會先想法子弄台iPad，接上Netflix，再想方設法找上當地美酒美食。但他日夜無休地查閱財報資料，守著CNBC練功，克勤至此，難怪能交出一張漂亮的投資成績單，力抗黑天鵝，往財富自由之路更上一層樓！

追求投資聖杯，是一條孤單的路，必須廣納資訊、去蕪存菁、摒除雜念，並且相信自己的邏輯，才有可能做出正確判斷。

麥可引用巴菲特的名言：「別人恐懼時，你要貪婪。」為二〇二〇年疫情期間的心境做了註解。若在熊市已然遠離的八月，這話可輕巧道之，但在代表恐慌程度的ＶＩＸ指數上攻八十的三月（上一次ＶＩＸ指數攻上八十時是在二〇〇八年的金融海嘯），想執行這句名言可沒那麼簡單。麥可堅守所謂的「能力圈」準則（也就是華倫・巴菲特（Warren Edward Buffett）說只碰自己了解的股票），搭配「回報／風險比例」的衡量，去除了近期攻勢赫赫的科技尖牙股「ＦＡＡＮＧ」，也去除了較不看好的金融股及航空股，最後走出自己的一條路，選擇了疫情受創最深的郵輪股和博彩娛樂股。在這段文字中，與其說是要看他報明牌，倒不如說是欣賞他那思路清晰、深富邏輯的論述。

要知道，洞燭機先在金融市場是最困難的，等到大家都聞到其中關竅時，通常標的價格已經攻頂。投資的氣氛常常是別人恐懼，我更恐懼（自己的錢輸了肉疼，若輸了客戶的錢，更是失去了信任），但在三月份的這波疫情，如果全然空手就這樣觀望迄今，等於是再次浪費了一場危機。在金融市場多年，常聽到身邊人說的一句話就是：「如果二〇〇八年重來，我會買進……」二〇二〇年，機會來了，伊人言猶在耳，但真的入場了嗎？

我知道的是，天時地利人和，麥可入場了。

可能是基輔的寒風讓人心思清明，抑或是封城的靜謐讓人情緒穩定，基輔這張天然寒玉床，佐以CNBC宛如武功祕笈的優質內容，麥可在這座靈山之中就像出生在奧馬哈的巴菲特，在投資戰場上抓到了擊球的甜蜜帶。

疫情期間，我身在熱鬧紛擾的台灣，原先的旅行計畫全數喊停，市場氣氛恐慌，每天都聽到擔保品追繳、客戶被迫斷頭平倉的消息。由於美國在防疫上的大意失荊州，使得一、二月發展欣欣向榮的股市急轉直下，熔斷再熔斷，連巴菲特都不禁驚嘆。三、四月，交易幾乎停擺，客戶態度保守再保守，市場陷入一片死寂。

面對清淡的市況，反而讓我思考許多。聯準會將基準利率降到〇至〇・二五%，鈔票印起來，資產負債表膨脹到了七兆美元，七月份的《經濟學人》（*The Economist*）雜誌封面下了一個很好的註解：「Free money」，資金雖不至於完全免費，但真的已經便宜到不行了，在一年期美元定存幾乎只有〇・三%的市況下，最好的策略其實就是挑選體質好的公司，並且買起來。

巴菲特說，我們沒有預測能力，只能站穩腳步，二十次的揮棒中個五次，就足以致富，所以沒有所謂最準預測，只有最佳對策。根據適當的邏輯選股，掌握好的時機點（甜蜜點），接下來就等著收割。照這個方式執行下來，客戶在這波疫情中的收益反而不錯，也加深了客戶對我們銀行財富管理部門的信任。

《我為什麼敢大膽買進暴跌股，挑戰獲利300%》一書結合了麥可多年金融生涯的判斷和智慧，並重度揉合了巴菲特的投資心法，對於建立投資者的邏輯非常有幫助。我對麥可能在烏克蘭封城期間創作出這部扎實的作品深感佩服，也推薦給所有想一窺危機入市策略的讀者，這部作品絕對值得先睹為快！

推薦文

學習投資，才能創造財富

施雅棠（臉書粉絲團「美股夢想家」版主）

二〇二〇年因為疫情的關係，美股在三月份大幅下跌，標普五百指數最深跌幅達三五%，更觸發四次熔斷。巴菲特一生只看過五次熔斷，而今年就一口氣看了四次，這是前所未有的經驗，卻也從市場上了寶貴一課。

更令人想不到的是，三月二十三日聯準會宣布推出無限量化寬鬆，美股迎來絕地大反彈，標普五百指數只用了五個月時間就創下新高，刷新史上最快紀錄。

經歷三月份的急速下殺，又只用了五個月就創下新高，這段彷彿雲霄飛車般的劇情，可透過《我為什麼敢大膽買進暴跌股，挑戰獲利300%》這本書細細品味。

本書作者的投資方式以價值投資為主，也就是堅持買進內在價值低估的公司，透過本書，讀者可以知道該如何分析產業結構、評估未來前景及判斷公司價值。

書中以投資郵輪股及賭場股為例，由於受到新冠疫情的影響，國際旅遊遲遲未能恢復，這兩個行業自然受創非常深。但疫情終將過去，只要公司有實力可以撐到黎明到來，迎來民眾報復性消費，就有機會取得巨大利潤，書中詳述作者判斷過程，可從中學習寶貴經驗。

本書最後談到投資的重要性，我們現在身處前所未有的量化寬鬆環境中，也因此造成資產價格齊漲，不論房市或股市都持續創新高，貧富差距愈來愈大。根據統計，三十年前美國最富裕的一％人口擁有的財富，是底層五〇％人口的六倍，但現在已經成長為二十二倍！而這些最富裕一％的人口所擁有的資產，約有七五％集中在股票、共同基金和私募股權等金融資產。隨著富裕程度提高，擁有金融資產的比例也會愈高。

即使聯準會瘋狂撒錢，但錢並不會流入戶頭。唯有學習投資，讓自己擁有更多金融資產，才能替自己創造財富！

推薦文

富貴險中求，洞悉險境才能求得富

資工心理人（理財部落客）

二〇二〇年三月的新冠肺炎疫情危機，事後回頭來看，這是個極佳的進場機會，但真的能夠在危機的當下勇敢進場的能有幾人？

作者深入解析疫情細節，並且對應聯準會等機構出手的救市政策，選擇被市場恐慌錯殺的標的買進，獲得豐厚報酬，將完整的決策過程與記錄集結成書。書中內容詳盡，帶著讀者洞悉疫情風暴之下的市場細節，讓人了解富貴險中求的過程，以及如何洞悉險境、並在關鍵時刻做出正確決定，非常適合想要探究疫情與市場關係的投資人閱讀。

作者序

百年難得的投資機遇

二〇二〇年二月，我到烏克蘭旅遊同時學習當地語言。想不到抵達後，竟遭逢百年一次的新冠肺炎疫情，更因為烏克蘭嚴格的封城防疫措施，除了藥局和超市營業，所有的交通工具都停駛，國際航班也取消，於是我就在烏克蘭的公寓裡，過了好幾個月幾乎與世隔絕的生活。

然而，烏克蘭冷冽的氣候加上無人的街道，令我的思緒格外清晰。也因為這樣的隔絕，讓我得以全天候收看CNBC的新聞，專注於研究美國股市。

三月的美國股市因為疫情爆發，道瓊工業、標準五百、那斯達克三大市場指數暴跌，每天收看CNBC就像在看一齣經濟大戲，一點也不無聊，也因此引發了我的研究興趣。經過不眠不休的研究，當股市於三月二十三日觸底後，我除了比較這次熊市與之前的異同，同時也精選數檔股票，並在三月二十七日做了進場的決定。部分投資標的在十一月初時的獲利超過一五〇%，預計三年內，當這些公司的營運都恢復正常之後，將有二〇〇到三〇〇%的上漲空間。

五月底，我起心動念想將這幾個月的研究心得及個人投資經歷寫下來，分享給追求財富自由的人。我研究分析的內容包括CNBC節目中每一天的市場暴跌實況、華爾街在市場下跌時的心態、CNBC對世界級投資人的採訪心得，以及美國財政部及聯準會史無前例的救市方案。同時，回顧與比較歷史上幾次股災的原因和漲跌，並以「回報／風險比例」和產業特色來初步篩選產業，再以二十多年職場訓練出來的財務分析能力，從目標產業以「獲利率」、「槓桿比率」、「現金流」等條件來過濾投資標的，排除公司倒閉的風險。當然，選股是科學也是藝術，除了定量分析也包含了定性因素。接著，我分析同一產業中個別公司的策略及定位，並回想我搭乘郵輪的感想（郵輪股是經過篩選後的投資標的），以個人見聞和經驗強化判斷的信心，期望藉此幫助讀者了解我所選定的行業。

文中許多重要環節也提供了股神巴菲特的投資哲學和理念，幫助投資人知道如何進場，以及進場後在面對帳面虧損和市場上更多的壞消息時，該如何處理疑慮的情緒。此外，我也著墨了美國社會各階層的收入、貧富不均及種族對立現象，以及其對股市的影響。最後，再從美國股市的穩定性、體制面和現代社會生產力的來源，介紹投資美股的優勢。

我相信這本書在財務分析、投資研究和美國體制各方面，都能提供切身且獨特的見解，希望幫助讀者和投資人了解華爾街因疫情影響而產生變化的同時，進一步了解美國經濟的結構和財富發展的趨勢，以便做出正確抉擇，早日實現自己的財富目標。

我為什麼敢大膽買進暴跌股，挑戰獲利 300%

目錄

前言

從封城看美國

二〇一九年四月，由於兒女都在美國完成大學學業，而且已經分別在康乃狄克州和波士頓工作，於是我主動辭去了在上海易唯思商業諮詢公司亞太區金融服務處副總裁的職位。易唯思商業諮詢公司為世界五百大和華爾街各大投資銀行提供研究分析服務，亞太地區金融服務處的客戶主要是摩根士丹利（Morgan Stanley）、瑞士聯合銀行（Union Bank of Switzerland）、摩根大通（JPMorgan）等歐美日投資銀行的分析師團隊，以及許多歐美的私募基金。在世界主流的投資銀行中，除了高盛證券（Goldman Sachs）以外，幾乎都是易唯思的客戶。易唯思的亞太總部雖然位於上海，客戶卻都在香港、新加坡、東京、漢城和台北。

在我管理的一百九十人金融服務處，按照所服務的客戶分為七個團隊。我的主要工作除了確保團隊運作順利、並以各種方式激勵生產力的提升，也周旋於各大投資銀行中，試著了解每位客戶的近況。為了促進業務的發展，一年總要到亞太地區各大投資銀行的辦公室出差幾次，除非團隊的研究出現重大問題，否則我不用負責任何研究工作。

但是單純的管理工作，竟讓我漸漸失去熱情。當時我其實也未思考接下來的方向，只覺得兢兢業業工作了半輩子，職業生涯也有限，人生應該做點改變。從我二〇〇四年七月接受花旗銀行派駐上海負責中國區亞太客戶算起，在上海也度過十五個年頭，我一方面準備回台北的家，一方面將資金匯入自己設立的資產管理公司證券帳戶，準備投資美股，剛好就遇上了這次的投資機會。

休克的城市

二〇二〇年二月，我到烏克蘭旅遊兼學習當地語言。當時，東歐國家是全世界疫情最輕的地區，烏克蘭首都基輔連個感染病例也沒有。剛來時，大家自由活動，沒人戴口罩，所有人無憂無慮地進出餐廳、教堂及景點，到處呼吸的都是自由的空氣。沒想到隨著西歐國家的疫情加劇，在西歐工作的數萬名烏克蘭人陸續返國，導致感染人數驟增。

於是，烏克蘭政府實施了幾乎是最為嚴格的防疫措施。除了關閉國境、所有外國人不得入境外，全體國民從三月十二日起，實施為期六週居家隔離。除了販賣民生必需品的超市和藥房，所有的商業行為一律關閉；學校、餐廳和公開聚會全面停止；市內地鐵、巴士與城際間交通也全部暫停。國家呈現停頓狀態。烏克蘭政府不計一切經濟代價的休克療法，意圖以六週時間涵蓋病毒的潛伏期，阻斷社區感染，讓所有寄居在人體的病毒全部以確診病例的方式浮現，然後讓所有感染病毒的人進入指定的隔離醫院治療，同時要求所有入境國民強制隔離十四天。但是事與願違，病例持續增加，封城時間延長到五月二十二日，之後又延長到六月二十二日。由於國際航班全線取消，本來打算待到四月就離開的我，只得先留下來。

封城期間，基輔的街頭上沒有行人，沒有車輛，城市一片空寂，形成特殊景致。三月的基輔偶爾還飄著雪，寧靜的街道，冷冽的空氣，令人格外專注。每天不是很早起的我，打開電視，幾乎所有電視台都是以烏克蘭語播出，可供選擇的只有少數幾個英語台，其中一個就是財經媒體佼佼者CNBC。

衝撞的經濟

基輔與紐約的時差為七小時，美國股市在當地時間下午四點半開盤，晚上十一點收盤。CNBC從下午一點半就開始盤前報導，一直到盤後一小時晚上十二點才結束。這個時段讓我有機會全天候觀看CNBC，追蹤疫情下的美國股市。隨著美國感染人數上升，股市大幅下跌，市場劇烈振盪，美國的國內生產毛額（GDP）單季跌幅驚人，失業率創歷史新高。各州州長每天奔波在媒體記者會進行簡報疫情之際，明尼蘇達州黑人喬治·佛洛依德（George Floyd）被白人警察跪膝致死，全美主要都市陷入一連串的暴動混亂，群眾抗議示威，甚至打劫商家，連續一個多月社會秩序混亂。接下來各州匆忙解封，許多州二次疫情上升。每天觀看美國股市的報導，彷彿在看一部驚心動魄的財經政治大戲。

股市下跌之際，CNBC充分發揮一流財經媒體的角色，每天專訪大量來賓如華爾街名人、資本界大鱷、財政部與聯準會政府官員、大型對沖基金經理人、前聯準會主席、公司執行長、名校校長、經濟學家、投資銀行分析師和研究機構研究員等，平常只會出現在新聞或書裡的人，紛紛出現在螢光幕前。內容精彩豐富，不但百看不厭，更像是自己聘請了一組專業研究團隊，從各個不同角度分析市場的未來。從CNBC經驗豐富的記者們提出許多經典問題的背後，我看到了他們十年磨一劍的實力積累，同時也看到了受訪人士縝密的思維和敬業的態度，充分展現精英階層兢兢業業的處世之道，以及不時流露出來的謙遜精神，令人敬佩。

封城的基輔，空蕩蕩的市景。（照片來源：作者提供）

看完一整天的CNBC，我會繼續研究過去市場的走勢與這次市場的關係、產業的前景和個股的業績表現，並記錄自己的研究結果，挑選出適合投資的股票。封城期間，街上完全沒有人，世界也好像停止運轉，完全專注的結果是經常性的通宵達旦，忘記了時間，也忘記了自己正身處於封城的東歐。

潛心的研究

回頭看，人生的安排往往是一連串的巧合，從來無法預測。如果沒有辭職的決定，因為公司有不得交易有價證券的限制，也不會把資金投入美國股市，也就錯失了良機。如果沒有辭職的決定，也不會有時間長期待在一個不熟悉的國度，每天收看CNBC研究個股，進而完成了這本書。

本書完整收錄新冠疫情期間白宮的反應與股市的崩盤，並在三月二十三日美國股市觸底後，比較這段期間的美股與一九八七、二〇〇〇和二〇〇八年熊市的異同，判斷市場的進場時機，如何把握十年難得的投資機會。同時藉由實際的選股投資案例，演練巴菲特的投資心法，並說明其投資原則在投資過程不同階段的實際應用。

我認為，要投資一個市場，就必須對大環境有所了解，包括社會、經濟等各層面。因此我會進一步說明，為什麼在美國這場有史以來最大規模的種族問題示威遊行中，華爾街卻完全不為所動，形成所謂「一個國家，兩種經濟」的特殊現象。書中將揭開美國種族、經濟與貧富差距的真相，還有防疫失敗的根本原因、全球疫苗競賽狀況，以及美國總統大選對股市的影響，提供讀者從另一個角度認識美國這個世界最大的經濟體，作為投資的參考。

除此之外，書中會加入我多年來對巴菲特的研究，探討他最底層的投資思維，希望所有投資人都能像巴菲特一樣，在不斷變動的市場中找到寧靜持股的力量，開啟財富的寶藏。最重要的是，希望藉由闡述健全的資本市場長期下來對投資人的重要性，以及為什麼只有美國的資本市場能夠造就巴菲特這樣的人物，鼓勵讀者擁有美股，早日達成財富自由。

第一章

精彩絕倫的華爾街大戲

爲了緩和病毒對經濟的衝擊，聯準會推出一系列措施。
但華爾街一開盤便迎來史上最大單日點數下跌，
市場如此劇烈的反應，
似乎昭示著聯準會前一天的一系列措施代表巨大經濟危機的來臨，
華爾街見證了近年來少見的暴起暴落。

大意的白宮

二○二○年一月十九日，美國一位三十五歲男子出現在華盛頓州史諾霍米許鎮（Snohomish County）上的一間診所裡，他聲稱自己在一月十五日從中國武漢返回，已經有四天咳嗽和發燒病史。醫生馬上通知華盛頓州的衛生部，並通報了總部位於亞特蘭大的美國疾病控制與預防中心（Centers of Disease Control and Prevention，簡稱「疾控中心」）。經過疾控中心的許可，醫生對該男子進行病毒檢測。一月二十日，美國出現第一例新冠病毒感染病例。

同日，南韓也出現第一個感染病例。但接下來兩週，這兩個國家對新冠病毒的反應卻截然不同。

一開始，川普政府包括衛生部官員就低估了疫情的嚴重性和可能造成的影響。二○二○年一月二十二日，川普接受CNBC記者採訪，問到是否擔心疫情時，他說：「我們對疫情完全控制，目前只有一個從中國回國的病例，一切都會沒事。」一月二十三日，中國武漢宣布封城，世界衛生組織（World Health Organization, WHO）也召開國際記者會，向世界說明新冠病毒狀況。就在同一天，美國參議院少數黨領袖查克・舒默（Chuck Schumer）呼籲白宮，宣布新冠病毒為公共衛生緊急事件，但川普沒有同意。

直到一月二十九日，白宮貿易顧問彼得．納瓦羅（Peter Navarro）在給川普的一份白宮緊急備忘錄中警告新冠病毒的風險，這時白宮才成立新冠病毒工作小組。一月三十日，中國大陸對整個湖北進行封省，世界衛生組織宣布新冠病毒為國際關注公共衛生緊急事件（Public Health Emergency of International Concern, PHEIC）。川普政府也宣布新冠病毒為公共衛生事件，並下令停止從中國到美國的航班。

但從一月開始，至少已經有近四十萬名美國人從中國返國。在擁擠的入境機場內，返國民眾在未接受任何檢測、也未被要求居家隔離的情況下，就各自返回各州；同時，每個月從歐洲來回美國的數百萬人也沒有被要求隔離。潛伏的病毒經由各個管道進入美國，播下擴散的種子。二月六日，世界衛生組織向世界發放二十五萬份由德國開發成功的檢測裝置，堅持自行開發檢測裝置的美國也未接受。

儘管白宮官員當時對外輕描淡寫地宣稱，美國民眾遭感染的風險很低，事實上，美國檢測裝置不足的窘境已經暴露。當時美國疾控中心只對兩種人進行檢測，一是接觸已感染新冠病毒的患者，二是接觸有武漢旅遊史的人；也就是把檢測當做整個療程的一部分，只對高度可能發病的人群進行檢測，而不是大規模的、預防性的防疫檢測。然而，病毒傳染的威力遠遠超過疾控中心的想像。

同一個時間的南韓，在第一個感染案例出現兩週內，就開始進行全國性的檢測，一般認為，這就是為什麼到了五月初，南韓死亡人數只有兩百五十人、而美國卻高達六萬五千人的差別。如果以人口比例來看，美國預計死亡人數應為南韓的六倍，實際上卻是兩百六十倍。十月底，南韓死亡人數為四百六十一人，美國的死亡人數則接近二十三萬人，已是南韓的五百倍。

要命的檢測

對於流行病，美國傳統做法有兩個階段。第一階段由疾控中心自行開發檢測試劑和裝置，獲食品藥物管理局（Food and Drug Administration）核准後進行生產，然後分發給各地衛生機構與有國家認證的實驗室。第二階段再與大學和私人企業合作，開發新的檢測裝置，進一步大規模生產。

根據《華盛頓郵報》（*The Washington Post*）和《紐約時報》（*New York Times*）的追蹤報導，美國疾控中心在二〇二〇年一月十一日收到中國政府公布的新冠病毒病原體的基因序列後，七天之內就設計好新冠病毒的檢測裝置，並在一月二十日成功檢測第一名患者。然而，在取得食藥局核准並開始生產的過程中，亞特蘭大疾控中心中負責生產檢測裝置的兩個實驗室，竟然發生嚴重違反規定的操作瑕疵，導致檢測試液本身可能帶有病毒。

二月八日，第一批檢測裝置送達曼哈頓東區。幾個小時後傳來壞消息，檢測結果不可靠，即使用蒸餾水進行檢測，得到的結果還是呈現陽性，檢測裝置的準確性受到嚴重質疑。這時全球疫情已經蔓延，許多國家都已開發出快篩技術，廣泛實施檢測，但美國食藥局並未採用已在亞洲及歐洲國家大量使用的檢測裝置。此時，許多有能力、有經驗和有資源開發出有效檢測裝置的美國大學、實驗室和私人企業，紛紛和食藥局聯繫，希望能比照德國模式，加入開發檢測裝置的行列，食藥局依然未同意，

接下來的二十一天，疾控中心被迫暫停全國性的檢測計畫，但白宮還是依靠疾控中心有問題的檢測裝置，並對外宣稱採取所謂「更廣泛的措施」來防疫，川普在記者會上說：「美國民眾只要願意檢測，都可以接受檢測。」根據《華盛頓郵報》的報導，到了二月底，疾控中心所生產的十六萬個檢測裝置，因為存在質量問題，在全美國只用了四千份，以至於無法確知病毒傳播的速度。公共衛生實驗室協會（Association of Public Health Laboratories）執行董事史考特．貝克（Scott Becker）說：「這是一場悲劇……我們處在公共衛生歷史上最緊要的關頭，但我們的工具箱裡沒有最重要的工具。」美國錯失了防堵病毒最黃金的一個月。

蠢蠢欲動的市場

二月初，當中國疫情正攀向高峰時，美國確診病例還在個位數，相關官員對外宣布新冠病毒對美國的影響還很小，而且風險很低。包括道瓊工業、標普五百和那斯達克三大市場指數也繼續著十一年的牛市節奏，分別在二月十二日和十九日創下二九五六八點、三三九三點和九八三八點的歷史新高。

到了二月底，隨著美國本土檢測數量嚴重不足，華爾街開始擔心病毒在美國擴散。二月二十一日之後，道瓊工業指數開始連續一週的下跌，其中兩天還出現超過一千點的跌幅，其從二月二十一日收盤的二八九九二點，跌到二月二十八日的二五四〇九點，一週總共下跌了三五八三點，指數跌幅達十二．四％。就在投資人錯愕的同時，CNBC記者不斷地追問，持續十一年的牛市就這樣結束了嗎？果然，掙扎的牛市出現報復性的反彈。三月二日，道瓊工業指數上漲了一二九四點，收在二六七〇三點。

三月三日，川普政府簽署了金額為八十三億美元的第一階段救助計畫，包括提供三十億美元資金作為開發治療病毒的藥物與疫苗所需費用，二十二億美元作為疾控中心與各州衛生機構進行防疫工作的經費等。三月四日，指數繼續回升一一七三點，收在二七〇九一點，市場得到暫時的喘息。

三十年一次的黑天鵝

三月九日，除了紐澤西州宣布全州進入緊急狀態和義大利宣布全國封城，市場飛來了第二隻黑天鵝。沙烏地阿拉伯為了擴大石油市場的占有率，宣布與俄羅斯石油展開價格戰。當天，國際原油價格迎來近三十年來最大的跌幅，美國油價下跌了三四％至每桶價格為二七．三四美元，作為國際油價基準的布蘭特油價（Brent Oil）則下跌二四％至每桶三三．三六美元。在病毒肆虐和油價崩盤的情況下，市場開盤不久，投資人便瘋狂拋售，標普五百指數隨即下跌七％，觸發美國證券史上自一九九七年十月二十七日以來的第二次熔斷機制，市場停止交易十五分鐘，很多能源股面臨逃命似的賣壓，跳空下跌超過五〇％，例如年收入約十五億美元的ＳＭ能源公司（SM Energy Company，股票代碼：ＳＭ），一天跌幅竟高達六一％，連蘋果（股票代碼：ＡＰＰＬ）也下跌超過七．九％。

而當天的道瓊工業指數下跌了二〇一四點，創下金融危機以來最高單日下跌紀錄，跌幅多達七．八％（上一次最接近的單日跌幅發生在二〇〇八年十月十五日，下跌七三三點，跌幅七．九％）。那一天，還在擔任舊金山美國聯邦儲備銀行（Federal Reserve Bank）主管的聯準會主席珍妮特．葉倫（Janet Yellon）說：「美國經濟看起來已經進入衰退。」

然而在白宮的每日疫情簡報裡，川普政府還是提到：「我們有全世界最先進的醫療設備、最好的醫療科技、最先進的醫院和醫生，我們已做好萬全準備……等到四月天氣暖和，病毒可能就奇蹟般地消失了。」事實上剛好相反，這次新冠病毒打擊的，正是美國社會的弱點。

美國醫療體系過度資本化的結果，在三月初，做一次新冠病毒的檢測需要一三三一美元。眾議院議員凱蒂・波特（Katie Poter）在聽證會上質詢疾控中心主任羅伯特・雷德菲爾德（Robert Redfield）時表示：「我們生活在一個有四〇%的家庭拿不出四百美元緊急備用金的世界。……光檢測新冠病毒就要一三三一美元，你能承諾美國人民，不管他們的醫療保險計畫如何，都可以免費檢測嗎？」雷德菲爾德在被重複質問三次、無處可逃的情況下，答應了波特的要求。

美國人口超過三億，但有三千二百萬人沒有醫療保險，這些人不可能主動上醫院，更不用提預防性的檢測。據估計，二〇一九年有高達三分之一的美國人因為醫療費用過高而延後該有的治療。因此，如果政府不出面主動提供免費檢測，這三千二百萬人就像一顆定時炸彈，什麼時候要引爆、大量傳播病毒，都是未知數。

以美國政府的結構來看，聯邦政府與州政府分權而治，中央政府公權力受到限制。

除非將疫情升級到戰爭等級，類似美國內部受到攻擊，否則白宮無法啟動全國協調性的抗疫行動。雖然三月份的疫情還在初期，確診病例並不多，但疫情爆發已成事實，華爾街對未來充滿了不確定性，加上油價大跌，多少能源相關企業受到影響難以估計，市場開始恐慌。大意的川普完全低估了新冠病毒的威力，CNBC甚至開始期待美國政府盡快採取財政刺激手段救經濟，各國央行採取聯合行動共同救市。

三月九日之後的華爾街，發生史上罕見的劇烈振盪。道瓊工業指數連續七天超過一千點的暴漲暴跌；三月十一日，世界衛生組織正式宣布新冠病毒為全球性流行病，美國確診人數來到一千一百人，但疾控中心截至該日只檢測了五千人。結果道瓊工業指數再度下跌一四六五點，收在二三五五三點。從二〇二〇年二月十二日的二九五六九高點算起，道瓊工業指數已經下跌超過二〇％，華爾街進入技術性熊市。

三月十二日，紐約聯準會發布，透過資產回購的方式，向市場注入一・五兆美元。此消息一公開，道瓊工業指數在開盤後上漲六五三點，但隨著川普宣布三十天內歐洲旅客禁止入境美國的禁令，以及各種大型運動賽事停賽，投資人的恐慌情緒加劇，市場跟著快速下跌，指數刷新二〇〇八年十月十五日單日跌幅紀錄，觸發市場第三次熔斷機制。這一天，道瓊工業指數下跌了二三五三點，跌幅高達一〇％，市場正式進入熊市。面對市場動盪，CNBC記者說：「現在每天漲跌幅超過一千點已經是新常態。」

無法阻擋的賣壓

三月十五日，為了緩和病毒對經濟的衝擊，聯準會推出一系列措施。一方面降息一%，把聯準會拆款利率降到〇至〇．二五%，同時亦將銀行存款準備率降到〇%。另外還推出七千億美元的量化寬鬆計畫，而且是即刻執行，並保證美元在國際市場的供應量充足。

但是在三月十六日星期一，華爾街一開盤便迎來史上最大單日點數下跌，觸發第四次熔斷機制，道瓊工業指數恐慌式地下跌二九九七點，單日跌幅達十二．九%，僅次於一九八七年十月十九日黑色星期一的二二．六%。市場如此劇烈的反應，似乎昭示著聯準會前一天的一系列措施代表巨大經濟危機的來臨，華爾街見證了近年來少見的暴起暴落。金融、地產、通訊、科技、能源、重工、運輸、交通，無一倖免。所有受到社交距離影響的產業，包括航空、租車、餐廳、旅遊、酒店、賭場等全數暴跌。最後，道瓊工業指數收在二〇一八八點，與疫情前的高點相比，已經下跌了三二%。

三月十七日，聯準會重啟曾在二〇〇八年金融危機時設立的「商業票據融資額度」（Commercial Paper Funding Facility, CPFF），承諾以一兆美元的額度購買在金融市場遇到發行困難的公司商業票據❶，以提供公司必要的流動性。此時，聯準會成了名符其實的商業銀行，提供企業短期流動資金。同時，財政部還提供了一百億美元的保證。

三月十八日，聯準會進一步介入四・三兆美元的貨幣市場共同基金，設立了「貨幣市場共同基金流動性額度」（Money Market Mutual Fund Liquidity Facility），提供貸款給以貨幣市場共同基金為擔保品的合格金融機構，為金融機構進一步提供流動性。同時間，聯準會也向金融機構購入公司發行的短期商業票據，甚至第一次接受金融機構抵押手上的市政債（municipal bond），避免因為投資人大量贖回的要求，造成金融機構大幅增加的賣壓。聯準會的做法，同時確保了金融機構、公司企業和地方政府三方面都不至於發生流動性短缺的情形，試圖讓經濟在疫情干擾下正常運作。同一天，白宮簽署第二階段紓困計畫，以一千億美元提供民眾免費病毒檢測、低收入戶食物保障、失業救濟、醫療保險與病假補助等。但聯準會和白宮的用心良苦，卻被暴跌的油價和加劇的疫情完全掩蓋了。

當天，西德州原油（West Texas Intermediate，股票代號：ＷＴＩ）的油價下跌二

---

❶ 商業票據是美國企業短期借款的主要金融工具，主要用於企業支應各種短期資金的需求。二〇二〇年新冠肺炎疫情的影響，聯準會提供商業票據市場資金，等於大量增加公司的流動性，避免不必要的倒閉潮。三月十七日此措一出，大受華爾街歡迎，使投資人信心大振，當天道瓊工業指數大漲一〇四九點。

四%，創下有史以來第三大單日跌幅❷，跌到十八年來新低。由於全球旅遊和商業活動突然放緩，需求大減，加上市場預期沙烏地阿拉伯與俄羅斯將大幅提高石油產量，石油業受到供需雙方的嚴重衝擊，美國銀行（Bank of America，股票代號：BAC）在同一天發表一份報告說：「市場將充滿過剩的石油。」通用、福特和飛雅特等大車廠關閉了部分汽車生產線，航空業手上現金快速蒸發，例如聯合航空（United Airlines，股票代號：UAL）股價一天之內就下跌高達三〇．三%。另外，像是SM能源公司的股價從疫情前的九．六四美元，暴跌到〇．九美元，跌幅超過九〇%，幾乎是跳樓大拍賣的價格。能源股紛紛在三月十八日這天創下新低，市場哀鴻遍野。

身兼潘興廣場資本管理（Pershing Square Capital）創始人的億萬富豪比爾．艾克曼（Bill Ackman）在接受CNBC專訪時激動地說：「白宮應該關閉整個美國三十天，否則無法控制疫情。」當天財政部長史蒂夫．梅努欽（Steven Mnuchin）亦接受CNBC採訪，表示由於政府的紓困計畫才剛出爐，國會尚未通過，但為了表達對人民的關切、加強市場信心，也只能說：「我們有很多工作要做，我們要加快動作。」當天道瓊工業指數下跌一三三八點，相當於六．三%，最低到一八九一七點，與之前二九五六八的高點相比，下跌了一〇六五一點，從疫情前的高點來看，道瓊工業指數已經下跌了三六%。

暴風雪前的經濟

三月十九日，占美國經濟十四．六％的第一大州加州首先按下暫停鍵，要求四千萬加州居民居家隔離。同日，摩根大通首席經濟學家布魯斯．卡斯曼（Bruce Kasman）預估，美國第二季經濟將衰退十四％，歐盟區將衰退二二％，而美國失業率將升高到六．二五％。與此同時，掌管一千六百億美元、全球最大對沖基金的橋水（Bridgewater）基金創辦人雷．達利歐（Ray Dalio），則喊出了美國經濟損失可達四兆美元。由於受疫情影響的行業實在太多，到底要救哪些產業以及該救產業裡的哪些公司，都會是政府嚴峻的挑戰。

三月二十日，高盛公司的研究報告出爐，進一步下調美國第二季GDP，預估衰退幅度可達二四％。道瓊工業指數終場繼續下跌九一三點，收在一九一七四點。以美國的疫情判斷，病毒的擴散還在早期階段，很多州應該很快就要進入類似烏克蘭的封城狀態，到時候商店關門，大量活動停止，經濟的暴風雪馬上要席捲這個全球最大的經濟

❷ 油價單日最大跌幅第一次發生於一九九一年一月十七日，因海灣戰爭引起一天油價大跌超過三〇％。第二次發生於二〇二〇年三月九日，跌幅高達二五％。

體。CNBC也一直追問受訪來賓，這次的熊市會不會像二〇〇八年金融危機一樣嚴重？股市從二月十九日的高點下跌不到一個月，華爾街是否仍處於危機的初期？

脆弱的美國底層

以綜合國力來看，美國是世界第一大國，二〇一九年的GDP達二一・四兆美元，國民人均所得超過六萬五千美元，在金融、軍事、科技、高等教育等領域領先全球。但在這個世界最大的經濟體裡，卻充滿了令人嘖嘖稱奇的收入不均現象。根據統計，美國二〇%收入底層人民的年均收入為兩萬一千美元，占全美人口收入的三・九%，如果把收入級距放大到底層四〇%的人，也只占全美人口收入的十二・二%。頂層二〇%的人之收入占全美人口收入的五四%，而頂層一%的人之年均收入則為底層二〇%人民的八十五倍。在美國強大國力的背後，呈現出來的是收入高度不均的社會。

根據聯準會二〇一八年的調查，有四〇%的美國成年人付不出四百美元的急用金，也就是說，這些人一旦失去工作，就只能靠領失業救濟金。美國各州的規定雖然不同，但失業救濟金一般只能領二十六週，也就是半年左右。而這次疫情造成的失業率和一九二九年的大蕭條相當，可能高達二〇%，而且失業期間不知會持續多久。如果政府沒有妥善處理脆弱的社會底層，由病毒引起的不但是經濟危機，甚至可能引發社會動亂。

二〇〇八年發生金融危機時，美國政府的紓困計畫主要針對金融機構和大型企業，創造了「太大而不能倒」的神話，但事後也遭詬病忽略了中小企業，加劇貧富差距。而這次的病毒危機直接影響了每一個人，需要救助的對象反而是對疫情抵抗能力較弱的個人和小型企業。

美國經濟以服務業為主，占了全國GDP的六四%。如果以企業規模來看，五百人以下的稱為小型企業，而小型企業就雇用了四八．三%的美國人，貢獻了美國四四．六%的GDP。而服務業就占小型企業的八〇%，可見小型服務業是美國的最大雇主，同時也是這次疫情危機的最大受害者。財政部長梅努欽擔心，如果疫情持續擴散到了各州不得不封城的時候，受害最大的將是小型服務業和收入底層的人民。這些人一方面可能因為感染而必須就醫，另一方面因為失業而失去收入，在疾病和經濟的雙重打擊下，恐怕造成嚴重的社會問題。

馬不停蹄的的財政部

三月十八日，財政部在白宮簽署第二階段紓困計畫後就不斷對市場放消息，表示馬上會有第三階段更大規模的刺激方案。梅努欽同時強調，這種情況只是暫時的，美國經濟很快就能恢復。三月二十二日，全美確診病例已有三萬三千八百例，GDP占美國八・一%的約紐約州也宣布，全州一千九百萬居民將實施居家隔離。當天，參議院多數黨領袖密奇・麥康諾（Mitch McConnell）便將財政部提出的第三階段財政刺激計畫送交參議院討論。

針對中低收入戶，財政部計畫發放一次性救助金，每位成人一千二百美元、小孩五百美元，兩個小孩的家庭可以收到三千四百美元的一次性補助。至於失業人口，除了已規定的失業金之外，加發每週六百美元、連續四個月的額外失業補助，希望藉此維持人民生計，保持整體經濟的消費能力。同時，為了保住小型企業、降低失業率，刺激計畫還包括三千五百億美元的薪資保護計畫（Paycheck Protection Program），如果小型企業借款後能證明資金用於支應員工薪資與房租等，那借款就不用返還。另外，為了確保部分大型關鍵性行業，包括航空、貨運及與國家安全相關企業，不會因為需求暫停而倒閉，刺激計畫將提供約六千億美元的救援及貸款資金。最後，為了抗疫和保障退役人員，還提供醫院及退役人員一一七〇億美元的醫護資金，並施行其他稅收優惠政策。

洋洋灑灑的刺激計畫，金額高達二・二兆美元。由於金額龐大，參議員輪番上陣，闡述自己的意見。民主黨參議員認為，共和黨提出的法案將美國企業利益置於人民利益之上，對於最需要救助的醫療行業的補助也不夠。而有部分參議員甚至表示，對某些州來說，失業補助過於優惠，超過許多人的工資，等於鼓勵人民失業、領取補助金，而不是鼓勵就業。疫情就在門外，失業人口每天都在增加，但國會山莊裡的議員們莫衷一是地辯論著，市場只能焦慮地等待。

不可對抗的聯準會

三月下旬的基輔，天空偶爾飄著雪，冷冷的空氣令人格外清醒。隨著政府下達全國封城的禁令，除了超市、藥房等必需品商店還開著，其他所有商店都關閉，公車、地鐵停駛，國際航班全部取消。我住的地方離基輔最熱鬧的克里夏迪克街（Khreshchatyk Street）只有一條街的距離，走路到幾個著名景點如獨立廣場（Independence Square）、金色拱門（Golden Gate）和基輔歌劇院（Opera House）等都在五至七分鐘的路程，但令人吃驚的是，無論白天或晚上，所到之處空無一人，街上難得看到一輛車，封城景致蔚為奇觀，整個經濟呈現停滯狀態。

美國是消費大國，消費占全美GDP的六七％，如果美國也封城，結果將演變為消費市場暫時喊停、經濟近乎停頓、需求大幅減少、產能及人工過剩、失業率大幅上升。

隨之而而來的是公司營收大幅下降，資金不足的中小企業面對倒閉危機，大型公司的信用評等將被降級，其影響小則成本提高，大則融資困難。如果引發投資人對各類金融商品大量贖回，就可能引發如同二〇〇八年的金融危機，經濟將陷入長期衰退。不同的是，二〇〇八年的金融危機主要影響的是美國經濟本身、部分投資金融商品的國家如冰島，以及因美國經濟衰退而受到影響的出口經濟體，但新冠肺炎疫情的影響則直接衝擊到每個國家人民的工作、消費和生活，幾乎所到國家都將遭受供給和需求的雙重打擊，經濟衰退將是全球性的。

三月二十三日，聯準會發布了新聞稿，宣布實施更為廣泛性的措施以支持家庭、企業和經濟，並進一步擴大之前實施的七千億量化寬鬆計畫。依照以往慣例，通常會說明量化寬鬆的金額，但這次只提到「以需要的金額支持平穩的市場運行」，市場對此解讀不一，ＩＮＧ國際首席經濟學家詹姆士・奈特立（James Knightley）表示：「令人恐懼的是，如果沒有成功，那將對已經疲於奔命的經濟雪上加霜。」此刻，華爾街的焦點還著眼於財政部第三階段的刺激計畫，參議員對條款內容及分配金額仍激烈辯論中，遲遲無法通過，但市場焦慮的情緒造成持續的賣壓，盤中道瓊工業指數創下新低，跌到一八二一四點，從二月十二日以來的二十七個交易日，指數已經下跌了三八・四％。

三月二十四日，經過一個晚上的沉澱，投資各界開始理解，原來前一日聯準會史無前例的量化寬鬆政策是沒有金額限制，也就是所謂的「無上限量化寬鬆」。前一天市場恐慌的情緒淹沒了對政策的解讀，如今市場豁然開朗。聯準會已成為美國最大的商業銀行，而且買進的資產已擴大到大型企業、一般商業甚至個人的信用貸款。華爾街大聲呼喊，無上限量化寬鬆的結果是，聯準會已成了最後的貸款行，也是資產的最後買家。CNBC記者開始喊出：「聯準會無所不買。」「不要與聯準會對抗。」這一天，道瓊工業指數開盤跳空上漲，迎來美國股票市場史上最大的單日點數上漲，收復了二一一三點，上漲了十一．四%，收在二〇七〇五點。

第二章

十年難得的投資機會

二〇二〇年三月底，多數經濟學家預測，
美國四月開始將進入黑暗的第二季，預計第三季開始逐漸復甦，
這次的熊市可能既深且短。
如果股市底部已經被聯準會撐起，
消費也被財政部規模龐大的刺激計畫所支持，
當時美國的公司市值將是繼金融危機以來最大修正，
也是十年來難得的投資機會。

每天收看CNBC將近十小時的我，幾乎是天天做筆記。看到過去兩週市場劇烈波動，連續的熔斷和油價的下跌，讓我考慮要進場資。但以過往經驗來看，熊市的下跌幅度可高達五〇％，而以目前道瓊工業指數只跌了三八％來看，如果繼續下跌，風險還是很大。一方面聯準會的無限量化寬鬆威力不可忽視，財政部的紓困計畫也還在國會辯論中，市場變化莫測。從事後解讀市場一點也不困難，但要在當下做出投資的判斷和決策，可說是決定命運的關鍵時刻，心中感到誠惶誠恐。

三月二十三日之後，市場開始上漲，CNBC記者毫不鬆懈地追訪包括資本大鱷、投資巨頭和投資銀行的高層，詢問現在市場是在熊市底部或正經歷熊市的反彈？這時候，平時只出現在報章雜誌的重量級億萬富翁、對沖基金經理以及經濟學家紛紛出現在螢光幕前，各自表述意見。但令人印象深刻的是，幾位受訪的億萬富翁級資本大鱷如保羅．都鐸．瓊斯（Paul Tudor Jones），儘管投資經歷輝煌，多數仍態度保守地表示，經濟下行幅度目前難以預估，市場存在著巨大風險，億萬富翁們不但沒有妄下結論，還坦誠地說沒人知道什麼時候是市場的底部。

為了加強自己的投資信心，確定還有多少下行風險，我開始記錄並研究發生於一九八七、二〇〇〇和二〇〇八年三次熊市期間的市場價格變化及發生背景，希望能透過對過去的充分了解，作為現在投資參考的依據。

今日熊市是產業觸發還是事件觸發？

在了解三次熊市的成因和對市場的影響後發現，二〇〇八年的金融危機和二〇〇〇年的網路泡沫爆發之前，美國經濟本身已存在產業基本面惡化的因素。二〇〇八年的金融危機是金融業過度放款於房地產市場，加上相關衍生性金融商品的操作，形成不良債權甚至有毒資產❸；而二〇〇〇年的網路泡沫則始於美國上市公司對網路相關產業如電訊、光纖和網際網路等過度舉債投資，同時市場因為對網際網路的狂熱而產生投機心態，使得那斯達克整體市場的本益比❹高達兩百倍，遠遠超過日本八〇年代後期泡沫經濟時期的八十倍股市本益比，形成資產價格的泡沫，導致股市崩盤。

由產業崩壞觸發的經濟危機，不僅對產業本身造成危害，對於周邊產業也會有一連串破壞性的骨牌效應。二〇〇八年金融危機期間，占美國GDP五分之一的房地產業和金融業同時受到重創（表2-1為美國各行業與政府單位的GDP），數以百萬的美國人頓

❸有毒資產（toxic asset），指某些特定的金融資產的價格大幅縮水，而且沒有市場可提供交易，以致這些金融資產無法以合理價格銷售，甚至無法賣出。

❹本益比（Price-to-Earning Ratio，簡稱PE Ratio），為股價除以公司每股盈餘所得到的比例，即投資人為獲得公司每股獲利所付出的價格。

表 2-1　2019 年美國各行業與政府單位 GDP

行業別／政府別	金額（單位：十億美元）	百分比
農漁業	450	1.2%
礦業	577	1.5%
公共事業	498	1.3%
營造業	1,662	4.4%
製造業	6,266	16.6%
躉售業	2,098	5.5%
零售業	1,929	5.1%
運輸倉儲業	1,289	3.4%
資訊業	1,942	5.1%
金融保險業	3,161	8.4%
房地產業	4,143	11.0%
專業服務業	4,303	11.4%
教育業	381	1.0%
醫療保健業	2,648	7.0%
藝術娛樂業	382	1.0%
住宿飲食業	1,192	3.2%
其他	772	2.0%
私營部門合計	33,691	89.1%
聯邦政府	1,259	3.3%
州與地方政府	2,857	7.6%
政府部門合計	4,116	10.9%
總計	37,807	100.0%

資料來源：美國經濟分析局（Bureau of Economic Analysis）／作者整理

時失去了房子，金融市場急速萎縮，各行各業都受到牽連。美國歷史上前四大破產案中，包括雷曼兄弟（Leman Brother）、華盛頓互惠銀行（Washington Mutual）和通用汽車（General Motors）三家公司，都是在二〇〇八年的金融危機中宣布破產。中小企業停止營業的更是不計其數，影響程度廣泛而深遠，我將這類熊市歸類為「產業觸發型的熊市」。

由產業因素觸發的熊市不但本身的形成需要時間積累，善後工作往往也要好幾年的時間，對經濟的傷害在短期內難以估計。而華爾街在擔心經濟損害不確定性時，市場只能以下跌來反應。

二〇〇〇年網路泡沫時，標普五百指數從二〇〇〇年三月二十四日的一五二七點，花了兩年六個月才跌到二〇〇二年十月七日熊市谷底的七八五點，跌幅為四九％；而二〇〇八年的金融危機，標普五百指數從二〇〇七年十月十一日的一五七六點跌到二〇〇九年三月六日的六六七點，花了一年五個月才見到底部，但是跌幅更深，指數下跌了五七％才開始反彈。

而發生在一九八七年十月十九日黑色星期一的股市崩盤，就和前述狀況有所不同。由於沒有與特定產業有直接關聯的因素，學者專家將崩盤原因歸於首次引進電腦程式交易，因為程式交易模式在同一時間引發大量的賣單，造成崩盤式的下跌。同時，許多投資組合設有停損機制，造成進一步賣壓以及投資人的恐慌，我將它歸類為「事件觸發型的熊市」。

由於一九八七年的崩盤是由事件所觸發，不牽涉到產業的基本面因素，如果不計入崩盤隔天創下的新低二一六點，標普五百指數從崩盤前十月五日的三二八高點跌到了十二月四日的二二一點，只花了三十五個交易日，跌幅僅是相對輕微的三三％。

二〇二〇年，新冠肺炎疫情爆發之前，美國經濟強勁，基本面良好，銀行業資本充足，失業率為有史以來最低，完全不存在有產業會崩壞的原因。但與一九八七年股市崩盤類似的是，這次市場下跌之前已經走了十一年的牛市，令投資人惶惶不安，而且突然間的市場下跌是因病毒事件所引起。只不過，病毒來得更凶猛，造成嚴重的公共衛生與經濟停滯問題，標普五百指數從疫情前二〇二〇年二月十九日高點的三三九三點，跌到三月二十三日低點的二一九一點，短短二十三個交易日，指數下跌了三五％。

從產業基本面和指數下跌的速度與幅度觀察（參表2-2），我初步做了一個重大結論：由新冠病毒引發的熊市並不像二〇〇八年的金融危機和二〇〇〇年的網路泡沫，而更接近於一九八七年黑色星期一的市場急速崩盤。

表 2-2　產業觸發型與事件觸發型熊市的比較

年份	標普 500 跌幅	特定產業因素觸發
1987	33%	無
2000	49%	有
2008	57%	有
2020	35%	無

資料來源：作者整理

史無前例的救援行動

在二〇〇八年的金融危機中，雷曼兄弟公司在二〇〇八年九月十五日宣布破產，聯準會進行第一輪量化寬鬆計畫。兩個多月後，聯準會在十一月二十日完成第一輪七千億美元的計畫。由於是有史以來第一次的量化寬鬆，推出的時間乃經過聯準會的審慎考慮，六個月後，這場金融危機跌到二〇〇九年三月就觸底。同月份，聯準會量化寬鬆買進的資產為一．二兆美元，被認為是幫助金融危機下股市觸底反彈的關鍵因素。

基於之前的經驗，聯準會在二〇二〇年二月十九日高點下跌以來，以一個月的時間，於三月十五日宣布第一輪七千億美元的量化寬鬆計畫，三月二十三日更將金額提高到無上限，動作之迅速及金融之龐大，令人讚賞。雖然不能因此斷定三月二十三日就是市場底部，但對於股市的復甦絕對有巨大的幫助。聯準會以上兆美元的資金支持銀行、公司和地方政府，除非公司因為需求長期下降導致收入持續不足，或因為個別原因完全籌不到資金而宣告破產，否則聯準會的做法就是要讓整個美國經濟體不因市場缺乏流動性而倒下。

三月二十五日，美國國會正式通過財政部二．二兆美元、高達美國GDP一〇％的財政刺激方案，包括兩千五百億美元個人與家庭的直接救助、兩千五百億美元的失業金補助、三千五百億美元的小企業免償還貸款、五千億美元的大企業救援貸款、一千億美元的醫療基金等。由於情況緊急，民主黨參議員除了要求對財政部有事後審查權外，對共和黨當初的提案幾乎是照單全收。

此外，美國財政部還對外表示，如果新冠疫情持續蔓延，將以更多資金進行支援。可以說，這次的紓困計畫整體方向是正確的，底層二〇％人民的收入損失應該都被涵蓋了，而大量失業造成購買力下降的情況也會受到緩解，使得投資人的信心受到莫大鼓舞。

應該不遠的底部

到了二〇二〇年三月底時，多數經濟學家預測，美國四月開始將進入黑暗的第二季，GDP的降幅可能高達三〇％，預計第三季開始逐漸復甦，這次的熊市可能既深且短。這次的經濟損失是因疫情而起，經濟的復甦也要看疫情發展而定。如果經濟要完全恢復，人們要在公共場合無拘無束地出入，就必須要有疫苗，而當時估計疫苗最快要到二〇二一年第二季才能開發成功。但華爾街的復甦往往比經濟的實際復甦領先約九個月至一年，如果等到疫情穩定再動作，恐怕也錯過最好的投資機會。

為了更確定自己的判斷，看看歷史還能告訴我什麼，於是我更深入地檢視了一九八七年的股市崩盤。當時股市崩盤之後，華爾街投資人分別在十月二十八日和十二月四日測試市場底部，這兩次都非常接近十月二十日創下的低點，而且沒有再破新低，不過那年的熊市並沒有聯準會和財政部的資金救援計畫。雖然沒有兩個熊市會是一樣的，但依照自己的判斷，財政部的救援支持計畫預計對經濟的幫助將更加有效，加上聯準會的無限量化寬鬆計畫的規模，種種分析資料顯示，就算美國確診個案持續增加，但有龐大資金支撐，股市再跌，底部也應該不遠。如果股市底部已經被聯準會撐起，消費也被財政部規模龐大的刺激計畫所支持，當時美國的公司市值將是繼二〇〇八年金融危機以來最大的修正，也是十年來難得的投資機會。

兩週來股市上沖下洗式地大幅振盪，讓人驚魂未定，我也收拾好恐懼的心情，準備進場。這時我想起巴菲特說的「別人恐懼時，你要貪婪；別人貪婪時，你要恐懼」，但更真實的感受是：當別人恐懼時，自己其實也恐懼。此時必須跟自己的恐懼共處，理性判斷，才能抓住機會，做出正確的投資決策。

風險與回報

在新冠肺炎疫情的影響下，有些公司預計未來會有重大損失，有些公司需求大幅下降，有些公司則已停止運作，公司股價從下跌四〇%、五〇%甚至七、八〇%都有，部分公司的估值幾乎到了大拍賣的價位。

為了選出心目中的股票，我在三月二十三日之後開始了不眠不休地研究。因為時間太有限，只能記錄自己比較熟悉的產業和公司自今年以來的股價高點和低點，然後計算了股價在三月二十六日回升到疫情前高點的上升回報百分比（二〇二〇年高點時股價減去三月二十六日股價，再除以三月二十六日的股價），以及跌到疫情期間低點的下跌風險百分比（三月二十六日股價減去二〇二〇年低點時股價，再除以三月二十六日的股價）。最後將上升回報百分比除以下跌風險百分比，得到「回報／風險比例」。如果回報／風險比例是兩倍，代表接受該公司股票一%的下跌風險時，如果股價回到二〇二〇年疫情前的高點，相對的回報是二%，表2-3是我所整理出的幾個主要產業的回報／風險比例。我以回報／風險比例作為重要的參考依據，並考慮產業的背景因素、公司在疫情前

表 2-3　主要產業的回報／風險比例

股票	2020 年高點 (a)	2020 年低點 (b)	跌幅	2020 年 3 月 26 日價格 (c)	跌幅	上升回報 [(a) – (c)] / (c)= (d)	下跌風險 [(c) – (b)] / (c)= (e)	回報 / 風險比例 (d) / (e)
市場指數								
道瓊工業（DJI）	29,568.60	18,213.65	38.4%	22,552.17	23.7%	31.1%	19.2%	1.62
標普 500（SPX）	3,393.52	2,191.86	35.4%	2,630.07	22.5%	29.0%	16.7%	1.74
那斯達克（NDX）	9,838.37	6,631.42	32.6%	7,897.13	19.7%	24.6%	16.0%	1.53
FAANG								
臉書（FB）	224.20	137.10	38.8%	163.34	27.1%	37.3%	16.1%	2.32
亞馬遜（AMZN）	2,185.95	1,626.03	25.6%	1,955.46	10.5%	11.8%	16.8%	0.70
蘋果（AAPL）	327.85	212.61	35.2%	258.44	21.2%	26.9%	17.7%	1.51
網飛（NFLX）	393.52	290.25	26.2%	362.99	7.8%	8.4%	20.0%	0.42
谷歌（GOOG）	1,532.11	1,013.54	33.8%	1,161.75	24.2%	31.9%	12.8%	2.50
金融股								
摩根大通（JPM）	141.10	76.91	45.5%	98.12	30.5%	43.8%	21.6%	2.03
美國銀行（BAC）	35.45	17.95	49.4%	22.72	35.9%	56.0%	21.0%	2.67
花旗銀行（C）	83.11	32.00	61.5%	46.02	44.6%	80.6%	30.5%	2.65
富國銀行（WFC）	54.39	25.11	53.8%	30.90	43.2%	76.0%	18.7%	4.06
高盛證券（GS）	250.46	130.85	47.8%	165.79	33.8%	51.1%	21.1%	2.42
摩根士丹利（MS）	57.57	27.20	52.8%	35.71	38.0%	61.2%	23.8%	2.57
航空業								
聯合航空（UAL）	90.57	17.80	80.3%	35.55	60.7%	154.8%	49.9%	3.10
達美航空（DAL）	62.48	19.10	69.4%	31.70	49.3%	97.1%	39.7%	2.44
美國航空（AAL）	30.78	9.09	70.5%	15.66	49.1%	96.6%	42.0%	2.30
西南航空（LUV）	58.83	29.15	50.5%	41.23	29.9%	42.7%	29.3%	1.46

資料來源：作者整理

的經營情況、財務健康程度和股價過去的表現，一步步找到心目中理想的投資標的。

市場指數

美國道瓊工業、標普五百和那斯達克三大指數從高點跌到三月二十三日的低點時，以道瓊工業指數下跌幅度最大，達三八・四％；科技股為主的那斯達克指數跌得較輕，跌幅為三二・六％。但到了三月二十六日，三大指數已經全面回升，道瓊工業指數的跌幅收窄到二三・七％，標普五百指數下跌二一・五％，那斯達克指數也只跌了十九・七％，可以看出華爾街的調整速度非常迅速。如果道瓊工業指數回到疫情前的高點，指數將有三一・一％的漲幅，但如果跌回這次疫情的谷底，則降幅空間還有十九・二％。把道瓊工業指數回到疫情前高點的漲幅空間潛力和跌回谷底時的跌幅風險做一對比，得到回報／風險的比例為一・六二倍，指數仍有大幅成長空間。而標普五百指數與那斯達克指數的跌幅雖然較低，但回報／風險的比例也分別還有一・七四倍和一・五三倍。

FAANG

熱門的FAANG❺股票相對抗跌。亞馬遜（股票代號：AMZN）和網飛（股票代號：NFLX）分別在三月十六日和十七日創下新低，而且只從高點下跌了約二六％，到了三月二十六日，股價跌幅只剩下八到十一％。而谷歌（Google，股票代號：GOOG）、蘋果和臉書（股票代號：FB）從高點跌到低點的幅度在三四到三九％之間，到了三月二十六日，股價跌幅已縮小到二一到二七％之間。整體來說，FAANG股價其實沒有下跌太多，其抗跌性說明了網路的商業模式受到疫情影響較輕微。如果以安全性來看，FAANG應該是首選，平均回報／風險比例為一．五倍。但如果要在還不能完全確定是熊市底部時進場，而且三年內要有更高的獲利空間，我的判斷是公司目前的市場價格必須要更低才行。

金融業

金融股受到這波疫情影響也跌了四五到六二％，對美國龐大的銀行和投資銀行來說，算是難得一見的跌幅。然而在華爾街，要在超跌的時候抄底也幾乎不可能，三月二十六日，金融股的下跌幅度已經收窄到三〇到四五％。美國的金融業屬於穩健但不算高速成長的行業，漲幅落後於科技股。從二〇一六年初到二〇一九年底這四年間，摩根大

---

❺ FAANG是五支熱門科技尖牙股，包括臉書（Facebook）、蘋果（Apple）、亞馬遜（Amazon）、網飛（Netflix）和谷歌。

通（股票代號：JPM）、美國銀行、花旗銀行和富國銀行（Wells Fargo，股票代號：WFC）等四大銀行的股價上漲了一倍，在三月二十六日大約跌回二〇一六、一七年的水平。

由於金融股和整個經濟打交道，而這次疫情也或多或少影響到經濟的各個領域，部分小型企業倒閉的可能性大幅增加，估計金融股有實質性的損失產生。若要回復到之前的高點，可能至少要三年。倘若把恢復的時間算進來，以平均回報／風險比例二・七三倍計算，價格上也不具有吸引力。而部分平均風險回報比例較高的銀行如富國銀行因二〇一六的假帳戶風波，股價從二〇一八年八月起開始下跌，因此也不列入投資考慮。

航空業

航空業是這次疫情的重災區。三月二十六日，聯合航空、達美航空（Delta Air，股票代號：DAL）和美國航空（American Airlines，股票代號：AAL）的股價比高點時下跌了四九到六〇％，仍有大幅上漲空間。由於航空業雇用了美國一千萬名員工，這也是為什麼財政部要出手救助的主要原因。

雖然航空業暫時免除了倒閉的風險，但是初步評估之後，仍然存在不利的因素。在美國，航空業是幾乎不成長的產業，本土航空業在二〇一五到一九年的年增長率為每年〇・三％。全球航空業在二〇一九年的增長率也只有四％。除了表2-3所列的四家公司，美國還有許多家區域型的低價航空公司，像是捷藍航空（JetBlue Airways，股票代號：ＪＢＬＵ）、西空航空（Skywest Airlines，股票代號：ＳＫＹＷ）、精神航空（Spirit Airlines，股票代號：ＳＡＶＥ）、阿拉斯加航空（Alaska Air，股票代號：ＡＬＫ）等分別占有不同市場，在激烈競爭之下，已是供過於求的產業。

美國航空公司的股價有部分靠每年發放高額股利給投資人來支撐，疫情前的達美航空、美國航空每年股利收益率分別為五・六七和三・〇三％。在公司收入大幅下降、缺少現金的情況下，勢必無法像過去一樣發放股利，之前高點的估值必須打折扣，股價需要長時間才能回到之前的高點，因此也將航空業排除。

這個時候，有些產業和公司因為具有新聞性或因為價格大幅變動，在這次的熊市中被ＣＮＢＣ一再報導，也引起了我的關注。

第三章

驚心動魄的選股之一：停航的郵輪

巴菲特在穩定產業裡尋找一個具長期競爭優勢的公司，
以郵輪業來看，三大郵輪公司已經形成寡占，
但疫情的影響短期內勢必會改變郵輪業的獲利。
新冠疫情會不會改變三大郵輪公司未來的命運，或導致破產？
是否會發生行業整合？

二〇二〇年二月四日，嘉年華郵輪（Carnival Cruise Lines，股票代號：CCL）的「鑽石公主號」在日本橫濱成為新冠病毒相關新聞的頭條之後，壞消息就一直籠罩著郵輪業者。

三月十二日，在白宮的要求之下，三大郵輪公司包括挪威郵輪（Norwegian Cruise Line，股票代號：NCLH）、皇家加勒比海郵輪（Royal Caribbean Cruises，股票代號：RCL）和嘉年華郵輪宣布停駛，當天所有郵輪公司股價都下跌超過三〇％。隨著三月十八日油價大跌，當天股價又再下跌二〇％，形成這次熊市的低點。到了三月二十六日，三大郵輪公司的股價已從最低點拉回超過一〇〇％。但從疫情前的高點來看，跌幅仍高達近七〇％，平均回報／風險比例有四．四四倍之多。如果從三月二十六日的收盤價看疫情前的高點，上漲幅度有一九二到二八一％（參表3-1）。我不禁問自己，郵輪股可以投資嗎？風險是什麼？這時我想起自己曾兩次搭乘郵輪的經驗，思索美國郵輪業到底有何特殊性。

從搭乘經驗看郵輪結構與投資

在美國高度獨立的社會裡，成年子女很少和父母一起出遊，而郵輪是少數全家一起

表 3-1　郵輪業的回報／風險比例

股票	挪威郵輪（NCLH）	皇家加勒比海郵輪（RCL）	嘉年華郵輪（CCL）
2020 年高點 (a)	59.78	135.31	51.94
2020 年低點 (b)	7.03	19.25	7.80
跌幅	88.2%	85.8%	85.0%
2020 年 3 月 26 日價格 (c)	15.71	40.61	17.82
跌幅	73.7%	70.0%	65.7%
上升回報 [(a) – (c)] / (c) = (d)	280.5%	233.2%	191.5%
下跌風險 [(c) - (b)] / (c) = (e)	55.3%	52.6%	56.2%
回報 / 風險比例 (d) / (e)	5.08	4.43	3.41

資料來源：作者整理

出遊的旅遊方式。

我在一九九三和二〇一七年有過兩次搭乘郵輪旅遊的經驗。一九九三年的巴哈馬郵輪之旅，除了看到各個島的明媚風光之外，我還訂了幾項下船後的活動，例如帆傘活動。參加帆傘活動時要先到達指定地點，接著搭乘遊艇到一個搭建在海灣上一個人工跑道的大型木製平台。在工作人員的指示和說明下穿上安全救生裝備，以繩索連接到遊艇尾端，並接上降落傘。當遊艇加速起航之後，降落傘漸漸升上天空，我也開始在天際遨翔。隨著降落傘愈升愈高，我看到地球最遠端的海平面竟呈現微微的弧形，親眼目睹了地平線不是平的這個事實。有點懼高的我感到無比震撼，是一次令人終生難忘的經驗。

二〇一七年的墨西哥郵輪之旅，印象最深刻的則是在當地觀賞了流行於馬雅文化的中美洲蹴球（Mesoamerican ballgame）。球賽在頗具考古味的I型球場上進行，球場兩邊建有高牆，牆上有著像耳朵般突出的環型球門。雙方球員在規定的場地內，只能用臀部去頂碰硬質的橡膠球，只要任何一方將球頂入牆上的環型球門就獲勝，比賽馬上結束。根據解說員的說明，在馬雅文化中，贏的一隊會將輸的一隊的隊員和當天比賽的橡膠球獻給天神。我看到勝利隊伍的球員身穿仿馬雅文化的古代皮具，頭戴炫麗誇張的羽毛頭盔，隊長一手拿著長刀，一手拿著假人頭向神獻祭，成為當天表演的高潮。

這些經驗讓我明白郵輪旅行有它吸引人的地方，而郵輪公司除了船票收入以外，還有各種旅遊活動、賭場娛樂和各式餐飲的收入。我在二〇一七年第二次搭乘郵輪時，發現儘管經過了這麼多年，郵輪旅行的價格還是沒有太大變化，但港口的設施已經更加方便完善。可見多年下來，隨著人民收入增長，在美國甚至是全球，郵輪旅行已經變得非常大眾化，而且郵輪旅行的特殊性常被稱為是一種生活方式旅遊（lifestyle travel），深受許多回頭客的喜愛。

在深入了解郵輪行業後發現，郵輪旅行是全美休閒旅遊成長最快的行業之一。根據國際郵輪協會（Cruise Lines International Association）的統計，每年全球郵輪遊客數從二〇〇九年的一七八〇萬人成長到二〇一九年的三千萬人，年成長率為五・四%。二〇一九年，嘉年華郵輪、皇家加勒比海郵輪和挪威郵輪的收入分別增長一〇%、十五%和七%，如果以二〇一七到一九年來看，三大郵輪公司的平均收入增長率分別為八%、九%和一〇%，全都高於行業平均值，顯示整體郵輪業的收入有向三大郵輪公司看齊的現象。

更重要的是，經過多年的行業併購，郵輪業已經形成一個寡占的行業。二〇一九年，嘉年華郵輪、皇家加勒比海郵輪和挪威郵輪的全球總市占率高達八〇%，分別為四三・六%、二二・九%和十三・五%。對投資人來說，寡占市場結構可說是莫大的好消息，說明了這個行業一定存在了某些因素才造成這樣的競爭壁壘，使得新競爭者不容易加入。雖然也可能有行業飽和、成長緩慢的風險，但是競爭壁壘形成不易，短期也不會消失。

令人驚豔的獲利

看到三大郵輪公司過去三年的毛利率、營業利潤、淨利潤率，只能說令人驚豔，不

表 3-2　三大郵輪公司 2019 年的市占率與獲利能力

公司	嘉年華郵輪	皇家加勒比海郵輪	挪威郵輪
市場占有率	43.6%	22.9%	13.5%
營業收入（億美元）	208.25	109.51	64.62
毛利率	38.0%	44.6%	43.3%
淨利率	14.4%	17%	14.4%

資料來源：作者整理

但利潤率非常令人滿意，而且非常穩定。除了顯示公司具有優異的營運能力，更凸顯出郵輪旅遊已發展出非常成功的商業模式。

二〇一九年，嘉年華郵輪，皇家加勒比海郵輪和挪威郵輪的毛利率分別是三八%、四四・六%和四三・三%（參表3-2）。如果從過去三年來看，三大郵輪公司的平均毛利率分別高達三九・八%、四四・八%和四三・八%。這樣的毛利率代表什麼呢？以蘋果公司為例，其在二〇一九年和過去三年的平均毛利率分是三七・八%和三八・二%，由此可知，三大郵輪公司在最近年度和過去三年的平均毛利率都超過了雄霸手機市場的蘋果。

如果仔細比較三大郵輪公司的淨利潤，以皇家加勒比海郵輪的淨利潤最為突出，二〇一九年達十七%，過去三年平均達十八%。而嘉年華郵輪和挪威郵輪在二〇一九年的淨利潤均為十四・四%，過去三年的平均淨利潤分別達到十五・三%和十四・八%。淨利潤率代表公司營運的淨收益，那麼十四到十七%的淨利潤率是什麼樣的水平？如果和同樣需要花費大量營銷費用的公司如耐吉（Nike，股票代號：ＮＫＥ）相比，耐吉在二〇一九年的淨利潤率為一〇．三%，過去三年的平均淨利潤率為九．三%，可以看出，三大郵輪公司在最近一年和過去三年的淨利潤也都高於世界知名運動品牌的耐吉。

令人好奇的是，這麼好的行業獲利率，這麼高的市場占有率，為什麼沒有競爭者要加入這個行列呢？進一步研究後發現，郵輪旅行本來是一種高價而正式的旅遊，只針對少數遊客。郵輪業在一九八〇年代經過了一陣造船熱潮後，嘉年華郵輪首開先河，降低郵輪旅遊的價格，讓多數人能夠負擔旅費，並直接與陸地上的飯店業競爭。之後，郵輪業產生大量的併購行為，經過多次整合才形成今天三大郵輪公司寡占的局面，以及特殊的產業競爭壁壘。

關於三大郵輪公司

- **嘉年華郵輪**

成立於一九七二年，從一艘郵輪開始營運。一九八七年上市以來，不斷改造郵輪行業，除了建造新的郵輪之外，還進行多次併購，形成今天有一百艘郵輪的規模。在平價郵輪政策的帶動下，過去十年，整個郵輪業每年平均增加了超過一百萬名乘客，可謂是郵輪業的黃金年代。嘉年華郵輪的股價也從二〇〇八年的十五美元，上漲到二〇一八年的七十三美元，漲幅超過三八〇%。

- **皇家加勒比海郵輪**

成立於一九六八年，一九九三年上市，一九九七年成立控股公司，除了擁有四個郵輪品牌以外，還投資入股了兩家郵輪公司的股權，包括德國途易郵輪（TUI Cruises）五〇%和西班牙伯曼郵輪（Pullmantar）四七%，旗下所有公司共有郵輪六十二艘。

- **挪威郵輪**

一九六六年成立，為了併購上的需要，於二〇一一年成立挪威郵輪控股公司。經過多次併購後，形成今天旗下有挪威郵輪、海洋郵輪（Oceania Cruises）與麗晶七海郵輪（Regent Seven Seas Cruises）三個品牌共二十八艘郵輪的規模。挪威郵輪控股公司於二〇一三年上市。

可持續的長期競爭優勢

分析到這裡，想到了「可持續的長期競爭優勢」，也就是巴菲特選擇個股最看重的原則之一。

一九九五年巴菲特的股東大會，一位來自紐約市的股東問巴菲特：「你用什麼重要的基本經濟法則來幫波克夏哈薩威（Berkshire Hathaway）賺錢？」巴菲特說：「我們試著尋找一個企業具有寬廣、可持續的護城河，環繞並保護裡面的經濟城堡，由誠實的國王管理……這座護城河可以是由低成本的經營、消費者心目中的領先地位、優異的服務能力、先進的科技技術，或是高度連鎖或特許經營等因素。」他進一步說明，如果你有一座大城堡，當有人想辦法進來時，任何護城河都可能遭受攻擊。在競爭者不斷進攻城堡的情況下，我們就要試著了解為什麼城堡還能存在，這座經濟城堡在二、三十年後是靠什麼關鍵因素而屹立不搖，而這些關鍵因素又有多穩固。查理．蒙格（Charles Thomas Munger）❻表示，以經濟術語來說，經濟護城河代表規模的優勢，可能是市場支配的規模優勢可使成本降低，或是公司大量的智慧財產造成科技的壁壘等等。這就是

❻查理．蒙格，美國投資家，巴菲特的合夥人，目前擔任波克夏哈薩威的副董事長。

巴菲特有名的「競爭護城河」投資原則。

巴菲特在二〇〇七年致股東的信中，特別提到他感興趣的公司以及會避開的公司。他提到自己和蒙格尋找的公司包括：一、能夠理解的業務；二、具有長期有利的經濟條件；三、能幹且值得信賴的管理層；四、合理的價格。他認為一個真正偉大的企業，勢必擁有可持續的競爭護城河，保護所投入的資本以產生良好報酬。在資本主義下，肯定會有競爭者重複攻擊任何賺取高報酬率的「經濟城堡」。因此一道強大的壁壘，例如成為低成本的供應商（如蓋可保險〔GEICO〕、好市多〔COSTCO〕），或是擁有世界性的品牌（如可口可樂〔Coca-Cola〕、吉列〔Gillette〕、美國運通〔American Express Co.〕），對於企業持續的成功不可或缺。巴菲特說：「商業歷史上充滿了『羅馬煙火筒』（Roman Candle）般絢爛亮麗的公司，他們的護城河被證明只是一種幻覺，很快就會被超越。」

巴菲特對「持續性」要求的投資原則，讓他排除了處於快速變化產業中的公司。他認為，雖然資本市場的「創造性破壞」對社會十分有利，卻排除了投資的確定性。一個必須不斷重建的護城河，終究等於沒有護城河。

同時，這個原則也排除了公司的成功是取決於一個偉大的經理人。一位優秀的執行長是任何企業的巨大資產，但如果需要一個超級明星來產生偉大的結果，這個企業本身就不算偉大的企業。我們因此可以想見，特斯拉（Tesla）在創辦人伊隆・馬斯克（Elon Musk）的光芒下，反而容易被巴菲特排除在可能的投資標的之外。

巴菲特在穩定產業裡尋找一個具長期競爭優勢的公司，如果公司本業還會快速增長，那就更好，但即使本業沒有增長，報酬也是可觀的。巴菲特注重「長期可持續的競爭優勢」的投資方式，在他所有的投資案例中都看得到。以郵輪業來看，三大郵輪公司已經形成寡占，而且在新冠肺炎疫情前還擁有超過蘋果公司的獲利率，令人驚豔，也因此這三家郵輪公司引起我高度的投資興趣。

健康的財務結構

三大郵輪公司過去的獲利固然很好，但疫情的影響短期內勢必會改變郵輪業的獲利。美國疫控中心已在三月中旬下了禁航令，郵輪公司就會完全沒有收入，當然暫時也不會有獲利。而且禁航令在當時會維持多久也是未知數，新冠疫情會不會改變三大郵輪公司未來的命運，或導致破產？是否會發生行業整合？為了解答這些問題，我在三月二十三日之後便不眠不休地研究，除了吃飯、睡覺，已經到了完全不食人間煙火的地步，每天看CNBC加上查資料，已經侵蝕了我的睡眠時間，完全忘了自己身處在封城的東

表 3-3　三大郵輪公司淨槓桿比率*（單位：億美元）

公司	嘉年華郵輪	皇家加勒比海郵輪	挪威郵輪
付息負債	115.02	96.01	68.01
股東權益	253.65	127.33	65.16
淨槓桿比率	45%	75%	104%

*淨槓桿比率＝付息負債 ÷ 股東權益
資料來源：作者整理

歐城市。

從過去三年的財務報告來看，三大郵輪公司高於產業平均需求的業務增長，也意謂著船隻數量的持續擴張。為了了解三大郵輪公司的財務結構健康程度，我首先用財務分析上常用的「淨槓桿比率」（net gearing ratio）❼來檢視。

嘉年華郵輪、皇家加勒比海郵輪和挪威郵輪在二〇一九年的淨槓桿比率分別為四五%、七五%和一〇四%（參表3-3）。以嘉年華郵輪的四五%來看，表示如果公司股東出資了一百元，對外借款金額為四十五元，是三家郵輪公司中比率最低、最保守穩健者。而挪威郵輪的一〇四%說明了如果股東出資一百元，則對外借款金額為一〇四元，比率稍高，但相較二〇一八年的一一四%，二〇一九年的淨槓桿比率已在下降。

從淨槓桿比率可以明瞭公司的財務結構，但由於股東的資金已經投入生產，如果要衡量公司的還款能力，還要檢視經營績效和現金回收的情形，才能判斷投入的資金是否有能力產生足夠的現金流，以支應未來到期的負債。於是，美系銀行常用的「負債與稅息折舊攤提前盈餘比率」❽就派上用場，美銀美林內部又將此稱為「現金槓桿比率」。

現金桿槓比例的高低沒有一定的標準，通常要和同業的公司做比較。一般來說，資本密集型的公司如鋼鐵、石化、精密機械等行業需要大量投資固定資產才能產生效益，因此現金回收時間較長，金融機構可容許的現金桿槓比率較高（如五至八倍不等）；如果是輕資產型公司如貿易公司和網際網路企業，金融機構可容忍的現金桿槓比率自然較低（如一至二倍不等）。在同一個行業裡，現金桿槓比率較高的公司會被認為剩餘舉債空間有限，必須先停止擴張，改善財務結構和獲利能力或以現金增資擴充股本，以取得進一步的融資空間。

二〇一九年，嘉年華郵輪、皇家加勒比海郵輪和挪威郵輪的現金槓桿比率分別為

❼淨槓桿比率，即公司所有需支付利息的負債總額（包括短期負債、長期負債和銀行透支等）除以公司的股東權益的比值，主要用以衡量公司是否過度融資。

❽負債與稅息折舊攤提前盈餘比率，即把公司對外須支付利息的負債除以稅前盈餘加回利息費用和折舊攤提的總額所得到的比率。用稅息折舊攤提前盈餘（Earnings before Interest, Tax, Depreciation & Amortization, EBITDA）作為公司一年內從營運產生現金的估算值，可以衡量出以目前的經營績效，公司需多少年才能償還所有負債。

表 3-4　三大郵輪公司 2019 年現金槓桿比率＊（單位：億美元）

公司	嘉年華郵輪	皇家加勒比海郵輪	挪威郵輪
付息負債	115.02	96.01	68.01
稅後淨利	29.91	18.79	9.30
利息費用	2.06	4.09	2.73
所得稅	0.71	—	0.19
折舊與攤提	20.17	12.46	6.47
稅息折舊攤提前盈餘	52.85	35.34	18.69
現金槓桿比率（倍）	2.18	2.72	3.64

＊現金槓桿比率＝付息負債 ÷ 稅息折舊攤提前盈餘
資料來源：作者整理

二・一八倍、二・七二倍和三・六四倍（參表3-4）。計算這個比率的時候我格外高興，因為郵輪業是個資本密集型的行業，一艘大型郵輪的造價可高達十五億美元[9]，而每艘郵輪的航行年限長達三十年，以我對美系金融機構的了解，挪威郵輪三・六四倍的現金槓桿比率不算高，都是美國資本市場可接受的範圍，這表示該公司還有大量的舉債空間。接下來要測試的，就剩下現金流量。

強勁的現金流

郵輪是一個重度投資的行業，固定資產（主要是郵輪船隻）占郵輪公司總資產約八成。在這樣的一個資本密集的行業裡，控制資本支出且同時產生現金流的能力至為關鍵。如果投資不足，收入增長就會落後，可能被競爭者取代。但如果過度投資，各項開支過大，產生的現金流量不足，就必須靠增加債務來彌補，公司體質有可能因此轉弱。為了進一步了解一家公司產生現金流的能力，通常以「自由現金流」（free cash flow）作為衡量現金流是否健康的參考。

自由現金流是計算公司經營活動中產生的現金加回利息費用（減去因利息產生的省稅效應），扣除資本支出後所剩餘的現金，主要用來衡量債權人和股東可分配的現金，並用於償還債務、發放股利或回購公司股份等。從三大郵輪公司二〇一七到一九年的財務報表計算得知，其自由現金流皆為正值，差別只在於有些年度擴充較快，資本支出較高，自由現金流較低，當放慢擴充時，自由現金流就跟著提高（參表3-5）。可見三大郵輪公司除了銷售績效優異、營運管理得當以外，都保持高度的擴張紀律，現金流基本上很穩健。同時，三大郵輪在支付資本支出後，由於郵輪業具資本密集的特性，每年需要不斷再融資，因此每年都保持一定的借新還舊金額，由此判斷，三大郵輪與金融機構保持一定程度的密切合作關係。唯一不同的是，嘉年華郵輪和皇家加勒比海郵輪每年還對

❾ 皇家加勒比海郵輪公司在二〇一八年四月下水的「海洋交響號」（Symphony of the Seas），長約三六〇公尺，寬約六十五公尺，重達二二一・八噸，是當今世界上最大的郵輪，造價十五億美元。

表 3-5　三大郵輪 2017-2019 年的自由現金流量（單位：億美元）

年度	2017	2018	2019
嘉年華郵輪	25.75	19.91	2.47
皇家加勒比海郵輪	26.11	1.53	11.00
挪威郵輪	4.93	7.74	4.63

資料來源：作者整理

股東支付股息，而挪威郵輪公司則是唯一沒有支付股息的公司（參表3-6）。

從我多年來在美系銀行承辦大型融資案的經驗，當所有郵輪停駛而沒有收入時，以郵輪業成功的商業模式來看，三大郵輪有紀律的經營、良好的獲利、健全的財務結構以及健康而強勁的現金流，金融機構肯定會伸出援手。或許公司必須以較高的利率取得融資，但不會發生資金不足的情況，除非長年被迫停駛、太長時間沒有收入，否則基本上已經排除了倒閉的風險。分析至此，我已準備好要進場投資了，不過若只能從三大郵輪公司中挑選出一家最適合的投資標的，應該選那一家呢？

選股是科學也是藝術

通常即使在同一個行業，競爭者的表現往往各有優劣，但分析三大郵輪公司時，他們的獲利性、財務結構和現金流強度可說是出奇的類似。再深究原因發現，郵輪業有個重要指標就

表 3-6　三大郵輪 2019 年主要籌資活動（單位：億美元）

公司	嘉年華郵輪	皇家加勒比海郵輪	挪威郵輪
主要籌資活動			
新增長短期借款	36.74	41.53	41.22
償還借款	(22.56)	(40.60)	(38.07)
股息支付	(13.87)	(6.03)	0.00
回購股份	(6.03)	(1.00)	(3.50)
主要籌資活動產生的現金流量淨額	(5.72)	(6.10)	(0.35)

資料來源：作者整理

是「載客率」（passenger load ratio），而三大郵輪公司一年下來的載客率幾乎都是一〇〇%，難怪很容易就看到他們的共同性。既然經營績效區別不大，最後就要看資本市場對三大郵輪公司在過去如何定價，在未來又可能發生什麼樣的改變。

二〇二〇年一月十七日，三大郵輪公司不約而同在同一天創下過去五十二週的價格新高點。以二〇一九年的每股收益來計算，本益比以皇家加勒比海郵輪的十五．〇八倍最高，挪威郵輪的十三．八一倍次之，嘉年華郵輪的十一．九七倍最低。三月股市崩盤之後，到了三月二十六日，投資人的看法發生變化。三大郵輪公司的本益比不但大幅下降，而且順序發生變化，最高的還是皇家加勒比海郵輪，本益比四．五三倍，其次是嘉年華郵輪的四．一一倍，最後是挪威郵輪的三．六三倍。可以理解為什麼皇家加勒比海郵輪的本益比最高，因為它是該行業裡獲利率最高的公司。但市場的考慮似乎是，由於挪威郵輪是三家郵輪公司中最小的一家，倒閉風險也可能最大，所以股價被投資人打了比嘉年華郵輪更高的折扣。對於已經排除三家郵輪公司倒閉風險的我來說，這時市場對挪威郵輪股價打的折扣，反而成為它的價格優勢。

值得一提的是，雖然每家郵輪公司在疫情前的獲利都很好，但還是有基本的市場區隔。如前面提到的，嘉年華郵輪在八〇年代時首創平價郵輪概念，發展到今天有一百艘郵輪的規模，成為行業裡的老大，有其過人的地方。而挪威郵輪則在後來走了一條不一樣的復古之路。郵輪旅行本來是一種昂貴而正式的高級旅遊，不但旅費昂貴，在船上的餐廳用餐也有服裝上的要求。近年來，挪威郵輪出奇制勝，推出六星級的奢華之旅，與嘉年華郵輪產生明顯的市場和品牌區隔。

挪威郵輪二〇一六年推出的「麗晶系列七海探索號」（Seven Seas Explorer）只有三百七十五個房間，由五百四十名服務人員接待七百五十名乘客。整艘郵輪只提供全陽台的套房，有花費四百萬美元的水晶藝術吊燈、十五萬美元的寢具、幾乎可當床睡的奢華地毯，除了奇珍異石、設計師家具外，還展示了包括畢卡索真跡在內總值高達六千萬美元的藝術作品，整體裝潢昂貴又奢侈，是全世界最奢華的郵輪。

在這最豪華的航線中，整個價格甚至包括遊客的來回飛機商務艙機票，以及從機場到郵輪的來回豪華轎車接送。如果因為航班到達上岸城市的時間較晚，遊客還可以免費在陸上的豪華酒店住宿一晚，等待隔天上船。在船上，二十四小時都有私人管家服務，所有餐飲表演一律免費。位於頂層第十四層甲板的麗晶套房約一百三十五坪大，配有專屬管家。如此奢華的行程，從挪威郵輪的財務報表顯示，載客率卻年年超過一〇〇％，可見高級郵輪極受金字塔頂端客戶的歡迎。

這些市場區隔的訊息讓人相信，挪威郵輪不但不會倒閉，由於船隊較小，會比嘉年華郵輪更快復甦到疫情前的營運水平。其中一個重要原因是，這次疫情引發的收入降低、失業提高，主要受影響的族群發生在需要與人大量接觸的行業，例如餐飲、娛樂、電影、航空等，尤其對中低收入人口的衝擊更大，對於可以在家辦公的白領階級、中高收入人士的影響較小，而對於位在金字塔頂端的社會階層則幾乎沒影響。由不同郵輪公司針對的目標消費群體來判斷，嘉年華郵輪受創的程度將高於挪威郵輪，恢復時間預計會更長。因此，我判斷挪威郵輪的股價在三月二十六日屬於過度下跌，不論在市場細分化上和股價上，都比嘉年華郵輪更具吸引力。

那麼和皇家加勒比海郵輪相比，哪一家更值得投資呢？二〇二〇年一月十七日，三家郵輪公司都還未受疫情影響之前，皇家加勒比海郵輪的本益比高出挪威郵輪九％，部分是受到高達三二％的股息發放率所影響。在未來暫時沒有收入且不會有獲利的情況下，皇家加勒比海郵輪基本上不可能對股東發放股息。可以斷定的是，三家郵輪公司在二〇二〇年勢必要進行融資，以現金支付每個月大量開支，來應對疫情造成的停航。通常在這個情況下，金融機構有可能限制公司對股東有段時間不能發放股利，如果發生，公司股價可能需要進一步調整。

不眠不休地分析到這裡，考慮了定量和定性的因素，最後選股的答案已經呼之欲出。因為市場瞬息萬變，從三月十八日的新低點到三月二十六日這短短六個交易日，三大郵輪公司的股價已經上漲超過一〇〇%，不過我也不想浪費了這次的熊市。

想買進一家公司股票，就希望股價下跌

二〇二〇年三月底，其實沒人知道市場是否已到底部。挪威郵輪的股價如果跌回之前的低點，就可能下跌五〇%，甚至更多。如果三年後公司營運恢復正常，股價就算只回到疫情前高點的八〇%，回報率將達三〇〇%。當時我問了自己一個問題，如果股價跌破新低到了六美元，我是否還願意買進？這是我當時所做最壞的打算。

聯準會在三月二十三日宣布無限量化寬鬆後，三大市場指數已經急速回調，到三月二十六日為止，挪威郵輪的股價已從之前最低價七．〇三美元，上漲到三月二十六日的

收盤價十五・七一美元，漲幅一二三%。三月二十七日，三大指數回調，挪威郵輪當天股價下跌二三・五%，給了我進場的時機。當時CNBC記者訪問美國投資界人士，多數表示市場還有回調的壓力，也可能只是熊市暫時的反彈，市場再度試探底部的可能性非常大。當天我以十三美元的價格，第一次購入挪威郵輪股票。

接下來幾天，三大指數不但繼續回測三月二十三日的低點，在四月一日，嘉年華郵輪對外宣布完成六二・五億美元的籌資案以保留現金，增加財務的靈活度。儘管嘉年華的一百艘郵輪因為禁航令而停靠在世界各地的港口，其發行的公司債仍得到投資人的超額認購，募集規模由原先預定的三十億美元提高到四十億美元，到期年限為二〇二三年，但每年需支付十一・五%的利息（相較之下，該公司二〇一九年十月在歐洲借的六億歐元，利息只要一%），還必須以郵輪作為抵押。同時還以五・七五%的票面利率發行了十七・五億美元的可轉換公司債，而為了公司整體財務結構，以每股八美元的價格發行價值五億美元的新股。其中，沙烏地阿拉伯主權基金便在此次購入嘉年華郵輪四百三十五萬股，持股比例達八・二%。

六二・五億美元的資金雖然給了嘉年華郵輪足夠的流動性，新股發行的價格卻給了投資人一個參考價格，而且可轉換公司債的投資人日後也能以一定的價格轉換成公司股票，就會造成股價進一步被稀釋。三月三十一日，嘉年華郵輪股價收在十三・一六美元，四月一日消息一公布，嘉年華郵輪股價應聲下跌，股價收在八・八美元，下跌了三三・二％。而受到同業的影響，挪威郵輪股價跟著下跌了十三％，我也產生部分的帳面虧損。這時，巴菲特的智慧名言又在腦海中浮現。他曾說：「如果想買進一家公司的股票，你會希望它的股價下跌。」於是，我隨著股價的下跌跟著買進，四月一日那天的成交價十・〇五元，成了我這次投資挪威郵輪的最低價格。持續分批買進的結果，我的平均持股價格為十一・〇四美元。由於資金只使用了不到一半，當時還希望挪威郵輪的股價暫時不要漲太快。

市場脫離熊市

四月是美國疫情的爆發期，隨著感染人數增加，各州陸續執行居家令，伴隨而來的是商店關閉、失業率飆升。在新聞媒體上看到的美國各大都市景象與基輔街頭的景致一模一樣，沒有人也沒有車，經濟可說是進入黑暗期。當時高盛證券首席經濟學家楊・哈祖斯（Jan Hatzius）下調了美國第二季GDP至驚人的負三四％，同時預測下半年將有史無前例的快速復甦，第三季將從第二季的谷底增長十九％，第四季繼續增長十二％。

領先經濟現況的華爾街一方面受到聯準會無限量化寬鬆的支持，以及財務部二・二兆美元刺激計畫的鼓舞，一方面預計病毒的傳播只是暫時，經濟的衝擊很快就能恢復，資金已經開始進場買進。標普五百指數從四月開始往上爬升。政府的居家令直接受惠了能提供產品或服務讓消費者在家就可以消費或工作的公司，尤其是大型科技股和網際網路股。

當投資人半信半疑、CNBC多數受訪者還不敢說三月二十三日就是熊市底部時，前摩根大通首席證券策略師、富德斯特全球顧問公司（Fundstrat Global Advisors）創辦人湯姆．李（Tom Lee）提出了一個引人注目的發現。根據富德斯特研究一九二〇年代以來十次跌幅超過三〇%的熊市資料顯示，標普五百指數從熊市底部上漲五〇%所需的平均時間，大約是下跌到谷底所花時間的五〇%。熊市下跌時間的一半與從谷底回升五〇%的時間是對稱的。

最近的一次熊市是二〇〇八年的金融危機，標普五百指數花了十七．二個月的時間跌到谷底，花了九．七個月的時間從谷底上漲五〇%，上漲五〇%所花時間為下跌到谷底時間的五六%。從這次熊市來看，標普五百指數花了五週從二月十九日的三三九三點跌到三月二十三日的二一九二點，如果三月二十三日就是這次熊市的谷底，那麼不用三週時間就可以收復五〇%，回到二七九二點的水平。

四月六日，湯姆．李參加斯科特．韋普納（Scott Wapner）的《中場報告》（*Half*

Time Report）節目時提出這個觀點，還被主持人和現場來賓圍剿。從湯姆·李的研究，市場將呈V型反轉，標普五百指數到年底可創新高，來到三四五〇點。他還指出，標普五百公司的營運成本當中，二〇％是人事成本，將近十五％是租金等房產相關成本，標普五百公司通常能以較少的收入，透過裁員、減薪、組織重整、節省開銷等一連串的營運槓桿來降低這三五％的成本，以較少的收入達到同樣的獲利，以支撐起股價。

二〇〇八年金融危機之後，在標普五百指數的十一個產業類別中，有五個產業以較少收入創造了獲利新高。金融業和科技業分別以低於危機前二七％和七％的收入，創造了同樣的獲利。標普五百公司通常會在危機時刻毫不手軟地削減成本，藉以創造盈餘，恢復公司估值，進而支撐起股價。湯姆·李的預測最後提到，科技股為消費大眾和企業提供了良好的生產力，會繼續升值，而在這次疫情中受創嚴重的公司將有更大的上漲空間。在這一點上，我的想法和湯姆·李不謀而合。

接下來市場發展的迅猛程度，正如湯姆·李所預測，四月九日標普五百指數已經突破二八〇〇點，四月十四日是三月二十三日之後第十五個交易日，標普五百收盤在二八四六點。指數從谷底收復五〇％損失的時間，與過去股市反彈五〇％所需的時間幾乎一致，湯姆·李因此在華爾街聲名大噪，之後多次接受CNBC記者們再度專訪。湯姆·李進一步表示，從過去的價格資料來看，當標普五百從底部市場上漲超過五〇％時，就不會再回到原本的低點。也就是說，股市確定脫離熊市。

史上首次負油價

四月的下半月，標普五百以科技股領軍持續反彈，接受CNBC採訪的專家們紛紛表示，新冠疫情加速了美國數位經濟的發展，能夠依賴網路把貨物或服務送到消費者手裡的公司（如網飛、亞馬遜等）、背後支持這些網路公司發展科技的公司（如Shopify，股票代號：SHOP），以及提供硬體使數位經濟成為可能的公司（如蘋果），他們的股價紛紛上漲，那斯達克一百指數[10]的漲幅也超過了標普五百指數。

但就在三大指數受到華爾街投資人追捧時，四月二十日，五月到期的美國西德州原油的期貨合約，創下有史以來第一次負油價。由於病毒的感染，經濟按下了暫停鍵，消費者對原油的需求大幅下降，但關閉原油的生產卻是昂貴且需要時間的。生產過剩的原油不像一九二九年大蕭條時期生產過剩的牛奶一樣可以任意倒掉，如果合約到期沒有平

[10] 那斯達克指數的成分股共有兩千六百家公司，而那斯達克一百指數的成分股，則是排除了那斯達克指數中的金融股後最大的一百家公司。

表 3-7　西德州原油期貨價格 2020 年 4 月 20 日盤中價

原油期貨交易合約	盤中價	當天跌幅
5 月西德州原油期貨	-38.40	-310.18%
6 月西德州原油期貨	21.08	-15.78%
7 月西德州原油期貨	27.28	-7.27%
8 月西德州原油期貨	29.35	-5.93%
9 月西德州原油期貨	30.48	-4.99%

資料來源：作者整理

倉，期貨合約的持有人就必須實質買入原油，不但需付費將原油運到倉儲，履行交割義務，還要支付儲存原油的倉儲費用。

於是，在期貨市場上出現不可思議的一幕。投資人瘋狂賣出五月到期的西德州原油期貨，市場盤中價格到了負三八・四美元，因為再不賣出，不但要實質擁有原油，還要負責運輸和倉儲。從原油期貨合約持有人不顧一切賣出手中部位的動作可看出，期貨投資人除了願意付出代價讓買家接手手上的原油以外，他們更害怕到了五月還找不到倉儲可以儲存過剩的原油，結果形成違約。於是五月到期的西德州原油期貨價格，在盤中出現史無前例超過一〇〇%的跌幅，一天下跌了三一〇%（參表3-7），沒有投資人預料到，投資的損失竟遠遠超過所投入的全部本金。芝加哥商品交易所（Chicago Mercantile Exchange, CME）董事長泰瑞・達菲（Terry Duffy）事後說明，期貨市場的價格完全由市場供需決定，風險是無限的。結果，三大指數在四月二十和二十一日兩天的價格大幅下跌，而這給了我以相對低價持續買進挪威郵輪的機會。當天，我以十一美元再度買進挪威郵輪。

十八個月的現金

五月五日，挪威郵輪對外公布，由高盛證券帶頭進行一系列的市場融資，募資資金約二十億美元。這是因為財政部的刺激計畫中規定，企業必須「在美國或根據美國法律設立，而且在美國境內有重要業務並擁有大部分的員工」，才能符合救助資格，而挪威郵輪是在百慕達群島註冊，因此被排除在外（其他兩家郵輪公司亦不符合資格），必須靠自己的能力去融資。

在挪威郵輪的公開說明書中，揭露了一長串包括匯率利率、疫情蔓延和融資能力等風險，可以說包含了郵輪業在疫情下所有可能發生影響營運的因素，其中甚至還表示公司對於「未來持續經營存有實質性的懷疑」。當疫情肆虐、公司處於沒有收入的情況下，這樣的文字出現在大型融資案上，是對資本市場負責任的態度，也是會計師事務所為了保護自己事後有訴訟可能而要求的風險揭露語言。但並不是所有投資人都熟悉資本市場募資的規定。當天挪威郵輪的股票遭到大幅拋售，從前一天收盤價十四．四四美元跳空開盤，一路走低，收在十一・一八美元，跌幅高達二二・六%。

而就在同一天，挪威郵輪也對外宣布，已獲得私募基金卡德頓公司（L Catterton）四億美元的投資。卡德頓公司以六年期可轉換公司債[11]的方式投資挪威郵輪，同時擁有一席董事席位和一席董事會觀察員。上網細查了一下才發現，卡德頓公司是全球最大、專門投資消費行業的私募基金，由卡德頓（Catterton）、酩悅・軒尼詩－路易・威登（Moët Hennessy-Louis Vuitton, LVMH）和阿爾諾集團（Groupe Arnault）組成。卡德頓是美國領先的消費行業私募基金；LVMH是眾所皆知的奢侈品品牌，旗下同時擁有LV、Christin Dior和Fendi等六十個國際知名品牌，執行長是法國富豪博納德・阿爾諾（Bernard Arnault），阿爾諾集團就是他的家族控股公司。

卡德頓公司行政總裁史考特・戴肯（Scott Danhke）在接受記者訪問時提到，挪威郵輪除了有優異的管理團隊，還擁有最年輕和最小的船隊，因此能夠靈活調度郵輪，而產生較高利潤和每位乘客的更高收入。如果歷史可以借鏡，在九一一事件之後，航空業和旅遊業幾乎全部停擺，卻在不到一年的時間內，飛機和郵輪已經滿載。根據在郵輪上提供SPA服務的OneSpaWorld公司資料顯示，在一九九五到二〇一九年這二十五年間，全球郵輪業的乘客數不但每年以高於整體旅遊業的六・七二%增長，在二〇〇〇年的網路泡沫和二〇〇八年的金融危機期間，其載客量都是增加而未減少，顯示這個行業具有高度抵抗經濟衰退的能力。

四億美元的投資使卡德爾頓公司成為挪威郵輪最大的股東，而如之前提到的，挪威郵輪是三大郵輪公司中的高級品牌，現在由法國富豪加持、LVMH集團投資，也凸顯出它的品牌定位，對挪威郵輪日後的營運發展有相得益彰的效果。這時我深深感覺到，投資股票從來不是一個人的事，唯有其他投資人也產生同樣看法的同時，市場價格才能上漲。因此不斷提醒自己一開始投資的初衷，增強持股的信心。

五月六日，資本市場以驚人的速度，在一天之內就完成對挪威郵輪全部二十億美元融資案的超額認購。除了卡德頓公司四億美元的可轉債融資以外，挪威郵輪還透過子公司發行了金額為六．七五億美元的四年期需優先償還的資深債券（senior debt）⑫，票面利率為十二．二五％，並且還有金額為七．五億美元的四年期可交換公司債⑬，票面

⑪可轉換公司債除了提供債券持有人固定的利息，投資人可以在未來一定的時間內，以雙方約定的轉換價格，將債券轉換成發行公司的股票。

⑫資深債券，指債券發行公司在破產時必須優先償還的債券，當公司破產時，清算的優先順序為資深債券、一般債券、優先股、普通股。

⑬可交換公司債除了提供固定的利息，投資人可在未來規定的時間內，以一定的價格將債券轉換成股票。其與可轉換公司債不同的是，可交換公司債是將債券轉換成非發行公司的股票（通常為有關聯的公司，例如上市的母公司）。

利率為六％，交換價格為十三．七五美元，以及四億美元的現金增資，總共籌得資金二二．二五億美元（後來增加至二十四億美元）。現金增資的發行價是每股十一美元，但是五月六日的市場並沒有給予正向反應，收盤價為十一．一二美元，略低於前一日收盤價。

在美國的資本市場，雖然二十億美元的案子算不上超大型的融資案，但能在一天之內就完成認購，肯定了挪威郵輪在資本市場受歡迎的程度。我一方面慶幸自己的判斷沒有錯誤，更重要的是，這個融資案基本上已經可以確保挪威郵輪立於不敗之地，不至於倒閉。

五月七日，挪威郵輪確認總共完成募資金額達二十四億美元，再加上手邊的資金，帳上將有三十五億美元現金。執行長法蘭克．迪里奧（Frank Del Rio）在接受路透社專訪時說：「這些現金足夠讓我們在沒有收入的環境下持續十八個月。」結果，挪威郵輪股價當天上漲七．九％，來到了十二美元。五月八日，在確認挪威郵輪完成募資後，我最後一次進場買進挪威郵輪股票。根據紀錄，這次的投資一共進場買進十一次，平均持有成本為十一．六三美元。

買一家公司，而不是買股票

二〇二〇年二月二十四日，就在疫情爆發期間，巴菲特曾接受了CNBC主播蕾貝嘉．奎克（Rebecca "Becky" Quick）的訪問，奎克說：「如果我覺得現在情勢不好，是否我該等個一週或一個月，或許我買到的價格就會比現在便宜一〇%。」巴菲特開玩笑說：「如果你能預測價格，那你就會變得非常富有。」基本上，巴菲特認為市場是無法預測的。

巴菲特接著說：「如果你要投資一家公司，比如通用汽車，通用汽車的股數是十四億股，股價是三十美元，公司市值為四百二十億美元，你就用一張紙寫下：『我用四百二十億美元購買通用汽車，因為……』如果這些理由能夠說服自己，你才進場買通用汽車公司的股票。」巴菲特是以全額收購一家公司所有資產的角度來投資公司，他把自己想成是公司的大股東，看看公司的價值是否超過自己所支付的價錢，以決定是否有投資價值。

評估公司價值過程的本身既是科學，但許多主觀的假設也是藝術。巴菲特曾說：「如果你對未來有完全的透視力，公司的價值就是未來每年的自由現金流，以一定的折現率回到今天的價值。」這種現金流折現法（discounted cash flow）也是每個MBA學生都學過的的資產評價模式。顯然，這樣的估值方式適合變化相對不大、產品或服務的需求較為穩定的產業。任何有關成長率、成本率及折現率假設的改變，都對估值有巨大影響。如果產業變化太大，對未來就較難有一定程度的把握，無法得出合理的公司估值，自然不符合巴菲特的習性，也因此，我們看不到他大量投資產業變化比較大的科技股或網路股等。

對於所謂公司的估值，華爾街往往因勢利導，對不同的產業提出不同的估值模式。比如很多網路公司雖然沒有獲利，現金流也呈現負數，但股價還是頻頻創新高，打破了所有傳統的估值模型。在無例可循的情況下，華爾街於是用股價營收比（Price-to-Sales Ratio），也就是每股營收相當於股價的倍數（Sales Per Share/Price）當做公司估值的參考。由此可見，定量的估值分析往往因勢就宜，遷就於現實情況，投資人固然可以採取這些估價模式，但也有其局限。同時，在數學的估值模式裡，任何假設的改變都對估值有巨大影響，也只能當做參考。以巴菲特辦公室連電腦都沒有的情況來看，透過財務報表的健康性，並對公司產業、競爭者與管理層更根本的觀察，是經由定性角度判斷一家公司適否值得投資的依據。

巴菲特的公司在二〇〇二和〇三年之間，以四．八八億美元買了中國石油一．三%的股份，當時中國石油的估值約三十七億美元，巴菲特和蒙格則認為公司的價值約在一百億美元。到了二〇〇七年，有兩個因素大幅增加了中國石油的價值：一是石油價格大幅攀升，另外是中國石油建立了大量的石油和天然氣儲備，使得公司市值增長到二七五億美元。巴菲特認為，這樣的市值與世界上主要石油巨頭的市值相當，於是以四十億美元賣出手中持股，獲利超過八倍。

再以挪威郵輪為例，疫情前股價高點時的公司估值為一二七．三億美元，而在我投資之初，公司市值只剩二四．八億美元，形成一條很長的估值上升跑道，換算成可能的收益率，自然非常可觀。但以這次疫情的衝擊來看，我在投資前更關心的是倒閉的風險，只要公司不倒閉，隨著營運逐步恢復正常，估值上升只是時間的問題。

投資後續追蹤

在我進場之後，挪威郵輪接到多家律師事務所提起集體訴訟，鼓勵在二月二十日至三月二日購買挪威郵輪股票的投資者與律師事務所聯繫。根據律師的投訴，挪威郵輪對市場做出虛假而有誤導性的言論。事件起源於挪威郵輪的銷售人員對客戶提供新冠病毒未經證實的訊息，淡化新冠病毒的危害，以防止客戶取消預訂，並說服新客戶預訂行程，從而危及客戶和船上工作人員的生命。當市場了解到新冠病毒的可怕時，投資人已遭受損失。五月八日，挪威郵輪的收盤價為十二．四三美元，之後幾個交易日股價持續走低。到了五月十四日，最低來到近期低點的九．二四美元，我的投資也產生二〇．六%的帳面虧損。

那時，美國許多州都還在實施居家令，確診病例呈現減少趨勢。隨著疫情趨緩，各州開始討論經濟重啟的時間表和具體做法，投資人對挪威郵輪公司的信心也跟著增加，股價慢慢往上爬升。五月三十一日，追蹤股市的「市場觀察」（MarketWatch）網站傳來一則趣聞。美國一位投資人將十萬美元成長為二二〇萬美元，現在他把提早退休的希望寄託在挪威郵輪身上，把多數資金投資在該公司。這位投資人向「市場觀察」表達了他的投資理念：「只投資你能損失的金額，在投入前觀察該公司一陣子。如果它在你喜歡的價格前大漲，不要追高，把目標轉向其他公司。最後，不要過早賣出你的贏家。」言簡意賅，但也是成功投資者的心得。

到了六月八日，新冠病毒疫苗的研發進展良好，美國與世界各國的經濟逐步解封，市場似乎預期著疫情危機即將結束，挪威郵輪股價收在二六．八六美元，相對於我的平均成本十一．六三美元，漲幅已達一三〇%。六月九日，摩根士丹利分析師傑米．羅洛（Jamie Rollo）在研究報告中，給予全球最大郵輪公司嘉年華集團和第二大郵輪公司皇家加勒比海郵輪「減持」的評級，目標價分別為十一美元與三十三美元。羅洛認為，與其他旅遊形式相比，郵輪行業要恢復正常需要花費更長時間，「郵輪業的恢復不僅需要各地解除旅遊禁令，還需要監管部門重新允許開放港口，最重要的是消費者信心的恢復。」當天，美國郵輪股集體下跌，挪威郵輪股價受到連帶影響，股價連跌三天，從六月八日的二六．八六美元，短短三個交易日就跌到了十七．二五美元，跌幅達到驚人的三五．七％。

之後的挪威郵輪股價短暫反彈回二二．四七美元，但由於所有郵輪還處於停航狀態，基本上屬於盤整下跌的格局。到了七月十四日，美國製藥公司莫德納（Moderna）公布第一階段疫苗測試結果。表示四十五名健康成年人都產生了抗體，隔天挪威郵輪股價上漲二〇．六八％，收在十八．五〇美元。七月十七日，挪威郵輪宣布一系列的市場操作，包括以十五美元的價格募集新股，又設下一個短期股價的參考價格。接下來一個多月，挪威郵輪的股價就在十三到十八美元之間上下盤整。

以大股東思維看挪威郵輪

到了八月下旬，標普五百已經回到二〇二〇年初的高點，CNBC記者興奮地說：「這是史上最短的熊市。」對挪威郵輪來說，自從三月底美國疾控中心對所有郵輪公司下了禁航令之後，禁航令已經延長到九月底。七月二十九日，挪威郵輪更進一步宣布延長停航時間，取消所有預定在十月啟航的船班，一直停航到十月三十一日。

八月六日，挪威郵輪公布第二季度營收為一六九九萬美元，與去年同期相比下滑了九九％，淨虧損七．一五二億美元（去年同期的淨利潤為二．四〇二億美元），但當天股價反而上漲三．七九％，收在十四．二四美元。挪威郵輪在遇到疫情爆發期間，所有郵輪停駛，暫停營業，幾乎沒有收入，這樣的業績表現也在意料之中。就算停航重啟，也需要一段時間才能完全恢復，公司的基本面可說到了最差的情況。然而如果是公司的大股東，絕對不可能在這個時候賣出股票，一定是等公司營運恢復正常、經營績效改善、獲利好轉、能賣得好價錢時，才會考慮脫手。

從另一種角度思考，假設挪威郵輪是一家未上市公司，如果有人在此時要出價購買該公司，除非有迫切的資金缺口，否則挪威郵輪公司肯定不會願意出價，市場上連買賣的價格都不會有。但上市公司的特性是，只要有一個小股東賣出一股股票，證券交易所就會有公司賣出的價格，買方投資人就可以用這樣的價格買入公司股票，而這明顯是一個被嚴重低估的價格，只能代表部分賣方投資人因為有資金需求或在恐懼下做出的非理性決定。這個時候，其實是給買方投資人一個千載難逢的進場機會，如果沒有疫情造成的經濟停頓，挪威郵輪的股價就不可能這麼低。這與巴菲特強調「價值投資」的原則基本相符，也就是當你認為投資一家公司的內部價值超過市場估值時，這家公司才值得你投資。

如果用同樣的方法檢視挪威郵輪，但方向上改成出售一家公司，可以發現，挪威郵輪在八月十七日的總股數為二．五六億股，以當天十五．二〇美元的收盤價計算，總市值來到三八．九六億美元。而該公司在疫情前的總股數為二．一三億股，在二〇二〇年一月十七日的股價為五九．七八美元，總市值為一二七．三三億美元。以現在的市值來看，還不到疫情前的三一％，還有超過兩倍的上升空間，相信沒有一個大股東會在此時賣出手中持股。甚至可以說，在這段時間，挪威郵輪提供投資人一個學習完全忽視市場股價的最好機會。從三月底到十月這七個月期間，挪威郵輪都是處於停航狀態，但公司股價可從最低的七．〇三美元到最高的二六．九一美元，股價的變化基本上和基本面完全脫節。但有幾方面的變化，值得作為股價和估值的參考。

首先，郵輪股的復航和疫苗的開發有高度相關。如果有了疫苗，人們自然可以放心出行，郵輪的營運自然逐漸恢復正常。投資郵輪股，短期之內就相當於投資疫苗股。不同的是，任何一家疫苗的成功，郵輪股都將受益。但是，長期還是要回歸到公司本身的績效表現。全球有眾多疫苗公司馬不停蹄地開發新冠病毒疫苗，白宮也押注多家疫苗公司以分散風險，預計疫苗的獲得指日可待，也給郵輪股的股東帶來信心。

其次，挪威郵輪為了支應每個月一．六億萬美元的現金開支，除了五月已完成二十四億美元的多個籌資案，又在七月份募集十五億美元資金，總共籌措了約三十九億美元，從表3-8可看出挪威郵輪在疫情後的募資情況。其中現金增資和可交換公司債固然降低了挪威郵輪近期的財務費用，但現金增資和可交換公司債預計增加的股數，也將大幅稀釋公司股價。

假設挪威郵輪五到七月所發行的可交換公司債完全交換成公司股票，預計流通在外的股數將增加一．八一億股，總股數將增加三．九四億股。如果未來二至三年內都沒有增加或減少郵輪船隻，市場對挪威郵輪的本益比的估值倍數也沒有改變，一旦公司恢復疫情前的獲利能力和市值時，公司股價將被稀釋至三二．三四美元（一二七．三三億美元除以三．九四億股）。但如果挪威郵輪和另外兩家郵輪公司一樣，營運良好的同時進行回購自家股票，減少流通在外的股數，那麼股價有可能被進一步推高。

八月二十日，因柏資本公司（Imber Capital）進一步發表評論，投資人對挪威郵輪生存能力的疑慮被誇大，公司已籌集額外的資金，至少確保了未來十六個月的流動性無慮。客戶預訂郵輪的需求仍保持在歷史範圍，郵輪業已做好強勁復甦的準備。風險／回報比率向上傾斜，預計在未來十二到二十四個月內的目標價為三五．五四美元。無論是我保守預估的三二．三四美元，或是因柏資本公司預估的三五．五四美元，從我的十

表 3-8　挪威郵輪疫情後籌資金額情況

籌資時間	金融商品（到期年份）	金額（單位：美元）	票面利率	新發行股數／可交換股數
3 月	短期融資額度	6.75 億	n/a	n/a
5 月	抵押債券（2024）	6.75 億	• 票面利率 12.25%	n/a
	可交換公司債（2024）	8.625 億	• 票面利率 6% • 交換價格 13.75 美元	• 可交換股數為 62,727,273 股
	現金增資	4.6 億	• 發行價格為 11.0 美元	• 新發行 41,818,181 股
	可交換公司債（2026）	4 億	私募基金 L Catterton • 交換價格 12.10 美元	• 可交換股數為 33,057,851 股
7 月	抵押債券（2026）	7.5 億	• 票面利率 10.25% • 償還 6.75 億美元短期借款	n/a
	可交換公司債（2025）	4.5 億	• 票面利率 5.375% • 交換價格 18.75 美元	• 可交換股數為 24,000,000 股
	現金增資	2.875 億	• 發行價格為 15.0 美元	• 新發行 19,166,667 股

資料來源：作者整理

一．六三美元的持股成本來看，代表了一七八到二〇五％的收益率，簡單取個平均值，收益率將為一九一％。這樣的收益率就算要五年才能實現，每年的收益率將為二三．八％，基本上也是很令人滿意的。

九、十月份，郵輪股仍處於禁航階段。美國股市在科技股過熱的情況下，個股紛紛回調，挪威郵輪股價在九月甚至一度跌到十四．一五美元。著名的投資家彼德．林區（Peter Lynch）說過，投資考驗的不是你的腦，而是你的胃（代表承受能力）。這話說得一點都不錯。十月三十一日週六，美國疾控中心停止了禁航令，從十一月一日起，郵輪公司可以分階段復航，對郵輪公司是利多的消息。但由於美國確診病例持續創新高，歐洲疫情吃緊，挪威遊輪於十一月二日宣布，旗下的三大郵輪系列將全線停航到二〇二〇年十二月底，當天股價反而下跌二．七七％至十六．一七美元。接下來隨著美國總統大選的進行，市場不確定性降低，股價回升，十一月五日收在十七．二五美元。

從二〇二〇年三月底開始投資挪威郵輪到十月份的平均持股七個月期間，我的未實現收益率為四七．八％。郵輪尚未復航，營運尚未重新開始，我的持股仍在繼續。

第四章

驚心動魄的選股之二：停業的賭場

CNBC 經常會在螢幕上閃出標普五百的領漲股和領跌股，
這次經常出現的領跌股，往往就是受疫情影響嚴重的行業。
在許多領跌股中，我開始注意到另一個
也處於停止營業且沒有收入的行業，
那就是拉斯維加斯的賭場娛樂股。

ＣＮＢＣ記者每天持續幫投資人追蹤股市動態，主要關心的還是具有新聞價值的大型股、熱門股，以及與社會趨勢相關、值得追蹤的公司或產業。中小型股由於對大盤影響較小，受到的關注度自然也較少，通常要有大幅漲跌或特殊消息時，ＣＮＢＣ才會加以報導。不過，ＣＮＢＣ也經常會在螢幕上閃出標普五百的領漲股和領跌股，同時加上一些評論。而這次經常出現的領跌股，往往就是受疫情影響嚴重的行業，比如航空業、郵輪業和餐飲業等。在許多領跌股中，我開始注意到另一個ＣＮＢＣ記者經常提起、同時也處於停止營業且沒有收入的行業，不一樣的是，這個行業的有些公司名是眾所皆知，有些卻相當陌生，那就是拉斯維加斯的賭場娛樂股。

去過拉斯維加斯賭場的人都知道，美國的賭場已發展成一個大型綜合娛樂場所。雖然是以賭場起家，規模卻十分龐大，涵蓋了大型秀場、各式餐飲、酒店住宿等，許多拉斯維加斯的大型賭場已成為不折不扣的娛樂城。賭場裝潢有的復古典雅，有的豪華奢侈，不但吸引了全世界的人潮和觀光客，還創造了一個頂尖的娛樂行業，形成特殊的美國文化。同時，拉斯維加斯位於內華達州，由於地處沙漠地帶，吸引投資不易，因此賭場成了該州最大的稅收來源，相關的觀光收入也非常可觀。

我在四月份收看ＣＮＢＣ新聞時，有個陌生的賭場名字經常出現在螢幕上，那就是厄爾德瓦多度假公司（Eldorado Resort, Inc.，股票代號：ＥＲＩ。以下簡稱「厄爾德瓦多」）。查詢它的股價後發現，它在二〇二〇年二月二十日創下歷史新高的七〇・七四美元之後，接下來的十九個交易日幾乎每天下跌，一路跌到三月十八日的最低點六・〇二美元，跌幅高達驚人的九一・五％。乍看之下，還真會懷疑該公司是不是要倒閉了。不過由於股價創新高的時間點在二月二十日星期四，美國整個大盤大幅下跌則從二月二十四日星期一開始，中間只隔了一個交易日，其股價看起來是因疫情拖累才大幅下挫。只是賭場娛樂業是我不太熟悉的領域，剛開始也懷疑自己是否有能力在短時間內了解這個行業，這也讓我想起巴菲特一直強調的能力圈選股原則。

揮棒的甜蜜帶，投資的能力圈

巴菲特曾經把「投資」比喻成在棒球場上揮棒，多次在不同場合提到泰德・威廉斯（Ted Williams, 1918-2002）的《揮棒的科學》（*The Science of Hitting*）。威廉斯是美國職棒聯盟紅襪隊球員，曾經十九次獲得全美全明星球員、六次全美打擊冠軍以及兩次三冠王。在《揮棒的科學》一書中，他把揮棒的好球帶分為七十七個像棒球一樣大的小區塊（參圖4-1），如果投手的球進了好球帶裡的甜蜜帶，平均打擊率可以高達四成；如果球進了好球帶、但在較低區域，平均打擊率將落到二成三。威廉斯說：「揮棒打擊最重要

圖 4-1　泰德．威廉斯的揮棒好球帶

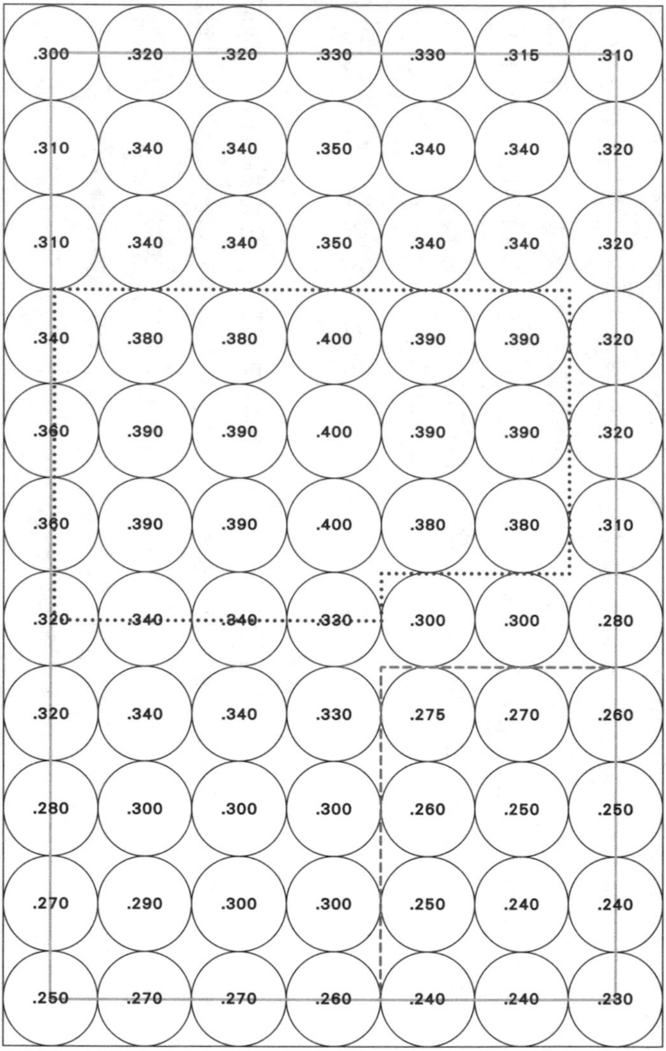

的事，就是等待投手投出正確的球。」

巴菲特說，在棒球的世界，球員處於不利的情況，因為如果投手投出三個好球，而打擊的球員沒有揮棒成功，就將被三振出局，因此被迫必須要揮棒。但在投資的世界，投資人處於極為有利的位置，沒有三振出局這件事。市場可以朝你投出成千上萬個球，而你都不需要揮棒。巴菲特說：「投資的祕訣就在於，坐穩著看一個又一個球經過，直到進入你揮棒甜蜜帶的球出現為止。」

站在投資世界的高點，巴菲特這輩子提起的人非常少，卻在不同場合一再提起威廉斯，甚至在辦公室走廊上也掛了七十七個好球帶的圖來提醒自己。從圖4-1可以發現，在好球帶的七十七個小區塊裡，讓威廉斯打擊率高達四成的甜蜜區塊，竟然只有三個半區塊。威廉斯對棒球了解的透徹、對揮棒打擊的謹慎，沒因為球星的地位而過分高估自己的實力，難怪在他的年代被喻為「來自下個世紀的球員」。這也呼應了巴菲特曾在一九八八年對佛羅里達大學ＭＢＡ學生演講時提到的，他們畢業後要把人生想成一張只可以打二十次的卡片，而這二十次投資就是人生所有可以做的投資決定，只要做了一個決定就少了一次機會。巴菲特說：「你不需要所有的決定都做對，只做對四、五個就會非常富有。」

他進一步解釋這個比喻時，衍生了著名的「能力圈」（circle of competence）的投資原則。他說：「投資最重要的工作，就是能定義出自己在那個領域所能做出的聰明決定，而哪個領域超過了自己的能力。投資人不需要對每個行業都熟悉，也不需要對每個行業都有見解。」

對很多人來說，巴菲特所謂的「能力圈」似乎已是耳熟能詳的概念，但其中的精神卻不一定為大家所深思過。我的經驗是，如果有個行業會產生「愈研究問題愈多，愈研究愈不懂」的情況，那就是超過了自己的能力圈。超過能力圈的結果往往是當公司、行業或價格有變化時，投資信心容易動搖，無法長期持有。

巴菲特自從一九六四年取得波克夏的掌控權以來，波克夏已經投資超過七十家公司，包括保險、金融、能源、鐵路、珠寶、日用品、家具、糖果、冰淇淋、可口可樂及蘋果等，是《財星》（*Fortune*）五百大企業裡產業分散最廣的公司之一，可見巴菲特的能力圈顯然不是以產業來劃分。但他並沒有脫離自己的能力圈，他說：「定義你的能力圈，是在投資裡最重要的事。」以及：「你要做的是待在能力圈，而不是走出去。」他認為每個人的能力圈都不同，但了解財報的能力是必要的。他閱讀的所有資料都是公開訊息，似乎在說：關鍵在於自己有沒有下足工夫。於是我一邊投資挪威郵輪時，又在網路上搜索厄爾德瓦多的訊息，沒想到有了意外收穫。

全美最大的賭場合併案

二〇一九年六月二十四日，厄爾德瓦多和凱撒娛樂（Caesars Entertainment Corp.，股票代號：CZR）提交一份文件給美國證券交易委員會（U.S. Securities and Exchange Commission），宣布兩家公司高達一七三億美元的合併，而該合併案將產生全美最大的賭場娛樂公司。由於兩家公司在美國多州都有業務，合併需經過多州審查核准，最後還要經過美國賭場管轄機構和聯邦貿易總署（Federal Trade Commission）的批准才能生效。隨著各州逐漸完成審批，厄爾德瓦多在疫情前的股價逐漸往上攀升，市場顯然看好兩家公司的合併。

文件中還提到，兩家公司合併後將成為橫跨全美十六州、擁有六十家賭場的超大型娛樂度假酒店集團。合併後的公司將以「凱撒」這個具有全球代表性的知名品牌作為存續名稱，並以厄爾德瓦多的財務管理模式，有效提高合併後公司的回報率，並為股東和客戶創造價值。從厄爾德瓦多管理團隊過去成功整合併購資產的經驗，合併後公司預計第一年可以產生五億美元的綜效。同時，凱撒娛樂耗資十二億美元在拉斯維加斯的重新升級裝修工作，也將在二〇二一年完成，預計將對近期的業務發展帶來直接貢獻。這個合併案將以厄爾德瓦多的整合專長加上凱撒娛樂的品牌優勢，對雙方股東、員工與客戶產生價值。

文件中還說，在這次的合併，厄爾德瓦多將以每股十二・七五美元的價格，一〇〇％購入凱撒娛樂的股份。其中八・四〇美元的部分以現金支付，其餘的則以厄爾德瓦多〇・〇八九九股對凱撒娛樂一股來支付。合併案的金額約一七三億美元，厄爾德瓦多將支付七十二億美元現金給凱撒娛樂，剩下的將以厄爾德瓦多約七千七百萬普通股支付。合併後，厄爾德瓦多與凱撒娛樂的股東將分別持有約五一％與四九％的股權，而在董事會十一席的董事裡，將有六席來自厄爾德瓦多，五席由凱撒娛樂指派。顯然，這是以厄爾德瓦多為主導的合併。

從給美國證交會的文件來看，厄爾德瓦多應該是管理優異、獲利良好、財力充足的公司，才有能力成為併購後持有公司五一％股權的股東，勢必要占董事會多數席位。去過凱撒皇宮酒店的人都知道，仿古羅馬的陳設風格在拉斯維加斯賭場別具一格，著名歌手席琳・狄翁（Celin Dion）在拉斯維加斯的演唱會，就是安排在凱撒皇宮酒店裡的古馬競技場音樂廳。如同文件中所提，凱撒娛樂是賭場娛樂界國際知名品牌，也是兩家賭場合併後延用的公司名稱，以凱撒娛樂的高知名度還願意成為四九％的股東，我初步研判該公司在財務上可能遭遇到壓力。

這不禁讓我想到一九九八年在美國銀行上班時，親身經歷了美國銀行與國家銀行

（NationsBank）的合併過程。兩家銀行的合併是由國家銀行發起，當年轟動一時，是美國歷史上最大的銀行合併案。當年美國還沒有橫跨東西兩岸的銀行，東部以總部在紐約市曼哈頓的銀行為主，主力業務在東北部各州以及國際市場，就是今天著名的摩根大通銀行和花旗銀行等。而總部位於北卡羅萊納州首府夏特洛市（Charlotte）的國家銀行經過多年的併購案，獨大於東南部各州，業務比較偏向國內業務。而從舊金山起家的美國銀行則雄霸於西部，業務以西部各州及部分國際市場。國家銀行與美國銀行的合併，創造了美國有史以來第一個跨越東西兩岸的銀行，也是以本土資產計算的國內第一大行，當年是金融界為人傳頌的一件大事。兩家銀行的合併雖號稱是「對等合併」，事實上卻是由國家銀行首席行政官修伊．麥柯爾（Hugh McColl）擔任合併後的銀行董事會主席和首席執行長，總部也設在夏特洛市。但由於美國銀行在國際上的知名度，合併後的銀行仍沿用美國銀行為存續名稱，這個安排與厄爾德瓦多和凱撒娛樂的合併案有異取同工之妙，而厄爾德瓦多和國家銀行也都是擅長節約成本的公司。

蛇吞象的交易？

厄爾德瓦多在一九七三年由鄧．卡羅那（Don Carona）成立，並由其家族經營。成立時是一家賭場，樓層面積不到九百五十平方公尺，酒店房間共二八二間。經過多年努力，發展成為一個全方位兼具高端餐飲、休閒SPA、咖啡吧的綜合型娛樂酒店賭場。一九五五年，厄爾德瓦多已經成長到賭場樓層面積近七千五百平方公尺，擁有八百間酒店房間。二〇一四年，厄爾德瓦多併購了當時已經公開上市的MTR賭博集團（MTR Gaming Group），形成今天的厄爾德瓦多度假公司。改組後的公司由厄爾德瓦多原股東持股五〇・二%，由蓋瑞・卡羅那（Gary Carona）出任執行長，在美國五個州經營六種資產項目。

二〇一五到一九年，厄爾德瓦多進行了一連串的併購和投資活動，營業規模大幅提高。二〇一五年，厄爾德瓦多購入銀色遺產（Silver Legacy）和雷諾馬戲城（Circus Circus Reno）兩家賭場，並在二〇一六年投入一億美元予以升級。二〇一七年併購了卡普莉島賭場（Isle of Capri Casinos），將營運範圍大幅擴展到美國十個州共二十個資產項目，擁有六千五百間酒店房間。二〇一八年更併購了伊利諾州的維多利亞大賭場（Grand Victoria Casino），以及紐澤西州的大西洋城純品康納飯店（Tropicana Atlantic City）。至此，厄爾德瓦多已在美國十二個州經營二十六個資產項目，擁有一萬一千兩百間酒店房間，成為年營業額達二十億美元的酒店賭場集團。

二〇一九年六月公布的厄爾德瓦多與凱撒娛樂的合併案，顯然會是厄爾德瓦多度假公司的另一個里程碑，而這樁合併案將產生美國最大的賭場娛樂集團。不過翻開兩家公司的財報一看，令人驚訝的是，到二〇一九年底，厄爾德瓦多與凱撒娛樂的總資產分別為五十六億美元和二三五億美元，凱撒娛樂的總資產超過厄爾德瓦多的總資產達四倍之多。就算只看股東權益，厄爾德瓦多與凱撒娛樂的股東權益分別是十一億美元和二十二億美元，凱撒娛樂的股東權益也是厄爾德瓦多的兩倍大。乍看之下，這是一個蛇吞象的交易。

而且整個交易金額高達一七九億美元，厄爾德瓦多的資金從那裡來？凱撒娛樂一定是出了什麼問題，否則不可能以大就小，委身一個比自己小這麼多的集團。凱撒娛樂的財務負擔有多大，會不會是個財務黑洞？厄爾德瓦多雖然在美國十二個州經營二十六個資產項目，但凱撒娛樂在二十六州經營五十三個資產項目，厄爾德瓦多有能力經營新合併的公司嗎？

不過從另一個角度思考，華爾街向來是精明的。厄爾德瓦多在二〇一九年六月宣布併購案後，股價在接下來的八個月一路往上走，頻頻創歷史新高，如果不是新冠疫情攪局，漲幅看來還沒停止。顯然，厄爾德瓦多一定有其過人之處，才會受到華爾街投資人的青睞。但我的腦海中不斷充滿疑問：凱撒娛樂到底出了什麼問題？我迫不及待想找出答案。

強壯的大象還是奄奄一息的恐龍

凱撒娛樂是美國老牌的酒店賭場，一九三七年由比爾・哈拉（Bill Harrah）在內華達州雷諾市創辦。集團在一九九〇年賣給英國貝斯集團（Bass PLC）時，曾命名為普羅摩斯公司（Promus Companies）。一九九五年，普羅摩斯公司將非賭場的酒店獨立出去後，更名為哈拉斯娛樂（Harrah's Entertainment），經營十六家賭場。哈拉斯娛樂在接下來的十年不斷擴張，今天「哈拉斯」已成為美國家喻戶曉的賭場品牌，在美國許多大都市及拉斯維加斯大道（Las Vegas Strip）都可看到它的招牌。

一九九七年，哈拉斯娛樂發起一個高達兩千萬美元的大規模客戶回饋計畫，名為「全金回饋計畫」（Total Gold Loyalty Program），二〇一九年時改為「凱撒回饋計畫」（Caesars Reward）。這是美國賭場史上第一次允許會員在一地消費，但在全美國都能享受點數兌換和折扣優惠的回饋計畫，也被認為是哈拉斯娛樂接下來幾年業務增長的主要動力，讓哈拉斯擁有數千萬名會員。到了二〇〇五年，哈拉斯娛樂進行了有史以來最大的擴張，以一〇四億美元併購了當時的凱撒娛樂。這次的併購讓哈拉斯旗下公司擁有的賭場數增加到四十四家，成為當時世上最大的賭場娛樂集團，同時也擁有了凱撒娛樂在拉斯維加斯大道上的四家賭場。猶如一家金融機構夢寐以求想進駐華爾街一樣，透過這項交易，哈拉斯娛樂實現了它的目標，也就是擴大自己在拉斯維加斯黃金地段上的賭場市場占有率。

到了二〇〇六年，其時擁有哈佛商學院教授身分的執行長蓋瑞・羅夫曼（Gary Loveman），接受了美國富豪大衛・邦德曼（David Bonderman）的建議，由德州太平洋投資集團（TPG Capital）和阿波羅全球管理公司（Apollo Global Management, LLC）以三百億美元的估值，其中包括以一七一億美元的現金承接所有負債，將哈拉斯娛樂私有化，從紐約證券交易所下市。德州太平洋投資集團和阿波羅全球管理公司則以槓桿併購（leverage buyout）⓮方式收購了哈拉斯娛樂，但留給哈拉二五一億美元的債務，而執行長羅夫曼則賣出自己的股權，獲得九千四百萬美元的現金。

以一般的槓桿併購案來看，如果公司被收購後體質或營運良好，經過幾年時間再上市，收購者因為以小博大的槓桿操作，將有巨額的投資回報。德州太平洋投資集團和阿

⓮槓桿併購是指一家公司透過大量借款方式來收購另一家公司，收購者和被收購者的資產常被拿來當做擔保品。這種併購方式流行於美國八〇年代，十分受到收購者和銀行的歡迎，因收購者可以用較少資金作為股本，透過收購來增加股東報酬率；併購後的公司因財務槓桿提高，銀行可收取較高利息，並且有擔保品。一九七九到八九年是美國槓桿併購的極盛時期，總共完成了超過兩千件併購案，總交易金額超過兩千五百億美元。

波羅全球管理公司顯然因此大賺一筆。但事與願違，哈拉斯娛樂的槓桿併購案生不逢時，完成時間點在二〇〇八年一月，幾個月後，位於華爾街的雷曼兄弟倒閉，金融危機爆發，美國經濟陷入衰退。接下來，哈拉斯娛樂的營運不但沒有起色，還發生令人難以預料的發展。從哈拉斯娛樂後來提交給美國證交會的年度報告來看，從二〇一〇到一四年間，公司經營並沒有起色，而且年年虧損。二〇一二年二月，公司為了籌措營運資金，在那斯達克交易所重新上市，改名為凱撒娛樂，以凱撒娛樂為控股公司，旗下子公司負責各賭場酒店品牌的營運，因而有了現在大家所看到的集團上市公司結構。

凱撒娛樂的重新上市，帶給集團另一個籌措資金的管道，卻擋不住自身經營不善和高達二二五億美元的巨額債務。雪上加霜的是，因為大西洋城賭場的營運問題，二〇一二年起，凱撒娛樂開始大幅提列有形資產和無形資產的減值。雖然這只是帳面價值的減少，並沒有真的現金損失，但提列的金額高達十到二十億美元之間，加上每年約二十億美元的利息費用，凱撒娛樂不但入不敷出，還得依賴再融資來償還到期的長期借款，大幅的虧損讓公司淨值產生負數。到了二〇一四年，公司淨值已到了負五十億美元。更糟的是，當年公司二四七億美元的總資產裡，還有高達二〇九億美元的長期負債。

德州太平洋投資集團和阿波羅全球管理公司的高槓桿併購的結果是，龐大的負債侵蝕了凱撒娛樂的獲利，更惡化了其資本結構。資不抵債的結果，使得旗下最大的凱撒娛樂營運公司（Caesars Entertainment Operating Company）和其所屬的一百七十個子公司在二〇一五年一月宣布破產。進入美國破產法第十一章⑮的程序後，凱撒娛樂營運公司被重組為兩個公司，一個是擁有賭場和酒店資產的置業公司，另外一個是負責經營和管理賭場酒店的營運公司。置業公司透過做價以償還債權人的債務，將所擁有的十九家賭場和酒店所有權，轉移到債權人所設立的VICI置業公司名下。營運公司則以租賃形式向VICI置業公司租回賭場和酒店，繼續經營。未來營運產生的收入，透過保管專戶將優先償還債務，同時由母公司凱撒娛樂為營運公司提供債務保證，以確保還款。德州太平洋投資集團和阿波羅全球管理公司產生了數十億美元的虧損，一手主導私募基金併購的執行長羅夫曼也跟著下台。

二〇一七年十月，在凱撒娛樂與債權人達成破產重組的協議中，凱撒娛樂營運公司相當於以資抵債，一方面出售子公司的酒店、賭場給債權人以償還借款，一方面以售後租回的方式繼續賭場和酒店的經營。凱撒娛樂營運公司的破產重組，就是整個集團降低

⑮美國破產法第十一章又稱為「重組破產」（reorganization bankruptcy），顧名思義，就是美國企業在獲得法庭許可後，對公司業務、資產和負債進行一系列的重整工作。此時公司不用清算資產的地步，可以繼續營運。但期間若發生詐欺、欺騙等情況，將由法庭指派破產財產管理人代為管理公司。

表 4-1　凱撒娛樂主要財務數據

年度	2019	2018	2017	2016	2015
獲利能力					
營業收入（億美元）	85.30	81.89	48.20	38.77	39.19
營業利潤	10.95	8.74	5.37	2.99	3.21
利息費用	（13.53）	（13.25）	（7.42）	（5.99）	（6.83）
淨利潤	（11.98）	3.04	（3.75）	（30.78）	60.08
獲利率					
營業利潤率	12.8%	10.7%	11.1%	7.7%	8.2%
財務費用率	-15.9%	-16.2%	-15.4%	-15.5%	-17.4%
淨利潤率	-14.0%	3.7%	-7.8%	-79.4%	153.3%
每股盈餘	（1.77）	0.44	（1.32）	（20.85）	41.49

資料來源：作者整理

財務槓桿的過程。重組之後，從凱撒娛樂二〇一七年底的財務報表可以發現，該公司總資產還有二五四億美元，但長期負債已大幅下降到八十八億美元，當年度的虧損也大幅縮小到三．七億美元。二〇一八年，凱撒娛樂轉虧為盈，產生三億美元的淨利潤，但公司利潤的來源是其他收入，凱撒娛樂的營業利潤還不足以支付當年的利息費用。到了二〇一九年，公司又產生十一．九八億美元的淨虧損（參表4-1）。

如果拿凱撒娛樂二〇一九年的經營績效和主要競爭者做比較（參表4-2），就不難發現為什麼這十幾年來，凱撒娛樂會從世界最大的酒店賭

表 4-2　賭場娛樂業 2019 年主要財務數據

公司	凱撒娛樂	厄爾德瓦多	金沙集團	永利度假村	米高梅
獲利能力					
營業收入（億美元）	85.30	25.28	137.39	66.11	124.63
營業利潤	10.95	4.48	37.88	8.99	14.19
利息費用	(13.53)	(2.86)	(4.81)	(3.90)	(8.48)
淨利潤	(11.98)	0.81	33.04	3.11	22.14
獲利率					
營業利潤率	12.8%	17.7%	27.6%	13.6%	11.4%
財務費用率	-15.9%	-11.3%	-3.5%	-5.9%	-6.8%
淨利潤率	-14.0%	3.2%	24.0%	4.7%	17.8%
每股盈餘	(1.77)	1.04	3.50	1.15	3.90
現金槓桿比率					
付息負債	185.02	37.38	124.92	105.67	154.60
稅息折舊攤提前盈餘	10.34	6.33	54.18	15.03	49.99
現金槓桿比率	17.89	5.91	2.31	7.03	3.09
淨槓桿比率					
付息負債	185.02	37.38	124.92	105.67	154.60
股東權益	22.11	11.17	65.07	15.41	127.68
淨槓桿比率	837%	335%	192%	686%	121%

資料來源：作者整理

場集團，淪為被併購的對象。凱撒娛樂不論在營業利潤率或淨利潤率幾乎是墊底的，更由於債台高築，是唯一虧損的公司。而從營業規模來看，凱撒娛樂二〇一九年的收入也只剩下金沙集團（Las Vegas Sands Corp，股票代號：ＬＶＳ）的六二%。這樣的差距，還是要從執行長羅夫曼的一項錯誤決策談起。

二〇〇一年，當澳門對外開放六張賭場執照時，凱撒娛樂完全沒有參與競標。二〇〇六年，永利度假村（Wynn Resorts Limited，股票代號：ＷＹＮＮ）有意出售其在澳門的子公司賭場給凱撒娛樂，也被當時的前執行長羅夫曼拒絕。二〇〇七年，澳門賭場收入已經超過拉斯維加斯。二〇一三年，金沙集團的收入達到一三八億美元，其中六四%來自澳門。同年，米高梅（MGM Resorts，股票代號：ＭＧＭ）有三十億美元的收入來自澳門，凱撒娛樂在當年卻產生了三十億美元的損失。也是在同一年，凱撒娛樂知道自己沒希望再拿到澳門賭場牌照之後，便將位於澳門、購入成本為五．七八億美元的凱撒高爾夫球場，以四．三八億美元的價格出售。當年，凱撒娛樂被媒體諷刺為「唯一在澳門找到虧損方法的賭場」。

從今天來看，澳門賭場娛樂業的整體營業規模，已經是拉斯維加斯的七倍大。從哈佛大學教授轉入商業界的前執行長羅夫曼，後來被批評是一個冷冰冰只注重數據的經理人，不但無法激起客戶對賭場業特有的熱情，也缺乏策略性的遠見，容易掉入數字陷阱，忽略公司長期的經營績效。當年曾有競爭者欲出售澳門賭場的執照，羅夫曼也再次錯過投資澳門賭場的機會。他後來承認，沒有前進澳門是最大的策略失誤。羅夫曼不但落後於前進澳門投資的同行，更因為引進私募基金進行桿槓併購的財務操作，導致凱撒娛樂的衰敗和自己的下台。二〇一九年的凱撒娛樂，已經不是一頭強壯的大象，而像是生了重病垂死的恐龍。

億萬富翁催生的超級經營團隊

像凱撒娛樂這樣全球知名的品牌，主要收入來自於拉斯維加斯大道黃金地段上的賭場，還在全球擁有六千萬的凱撒回饋會員，雖然生了重病，還是擁有巨大的潛能。由於財務年年虧損，凱撒娛樂早已是市場上被併購的對象，引起資金背景雄厚的公司和個人的覬覦。二〇一九年初，凱撒娛樂終於等到億萬富豪卡爾．艾肯（Carl Icahn）出手，大量增持凱撒娛樂股份到二八．五%。凱撒娛樂的股東名冊中還包括了擁有七．八%股權的貝萊德公司（BlackRock），以及六．八%的峽谷資本顧問有限責任公司（Canyon Capital Advisor）。在美國的上市公司中，擁有上市公司五%的股東在華爾街都可以稱為「九百磅的大猩猩」，難怪艾肯的二八%持股被喻為「九千磅的大猩猩」，主宰了公司的命運。

艾肯是知名的積極型投資人（shareholder activist），經常以大股東身分促使上市公司的經營發生變化。在一九八〇年代，華爾街稱他為「公司購併客」（corporate raider），經常以惡意併購和資產分拆的方式獲取巨額利潤。根據《富比士》（*Forbes*）雜誌的統計，艾肯於二〇二〇年的資產為一三八億美元，為全球第七十八大富豪。他成為凱撒娛樂第一大股東之後，指派了四席董事參加董事會，趕走了原來的執行長，並親自指派賭場經營老手安東尼・羅帝歐（Anthony Rodio）為代理執行長，同時也開始主導凱撒娛樂與潛在買家的併購案。在與許多買家接觸之後，厄爾德瓦多逐漸浮出檯面。

厄爾德瓦多的收入來源和凱撒娛樂形成良好的互補。凱撒娛樂有四〇%的收入來自拉斯維加斯，而厄爾德瓦多的收入主要來自美國其他各州，在密西西比州和路易斯安那州占有大量市場。此外，從同行的比較中也發現，二〇一九年，除了金沙集團在收入和獲利率獨占鰲頭之外，厄爾德瓦多的營業利潤率甚至超過在澳門有賭場牌照的永利度假村和米高梅集團。厄爾德瓦多的賭場酒店都在美國，能夠專注於本土市場，凱撒娛樂如果為厄爾德瓦多所併購，也是最好的歸宿。

艾肯介入賭場酒店公司的投資和經營已有三十五年。二〇一〇年，他以兩億美元購入當時經營不善、宣布倒閉的純品康納娛樂集團（Tropicana Entertainment），並帶入當時哈拉斯賭場的經營老手羅帝歐，對純品康納娛樂集團旗下八家酒店賭場進行整頓。湊巧的是，當經營績效改善後，艾肯以十八．五億美元將純品康納娛樂集團賣給厄爾德瓦多，而當時買下的人就是現在厄爾德瓦多的執行長湯姆．雷格（Tom Reeg）。

在雷格的領導下，厄爾德瓦多不僅逐年擴大，而且嚴格控制成本。從厄爾德瓦多過去五年的財務資料來看，二〇一七年併購了卡普莉島賭場後，逐漸將營運範圍擴展到美國十二個州共二十六個資產項目。在短短三年內，二〇一九年，厄爾德瓦多的營運規模比二〇一六年增加了一八〇％，營業利潤上升三四八％（參表4-3），股價更是大幅上漲了三倍。在規模效應下，厄爾德瓦多的營運及獲利能力逐年增強。這一點剛好和凱撒娛樂所欠缺的營運能力形成高度互補。市場普遍認為，合併後的新凱撒娛樂集團將以雷格為執行長，而以羅帝歐為營運長。有鑒於兩人過去經營成功的紀錄，華爾街對於這樣的組合給予高度評價，相信日後的經營管理能力將大幅提升。

艾肯一手促成的合併案金額高達一七三億美元，厄爾德瓦多以每股十二．七五美元的價格，一〇〇％購入凱撒娛樂的股份，一般市場估計，根據買進時點計算，艾肯的持股成本應該就在八．二五到八．七五美元之間，每股十二．七五美元的併購價格，將帶給卡爾艾肯至少五〇％的溢價。新公司如果經營良好，艾肯還因為持用新公司股份而有增值空間。

表 4-3　厄爾德瓦多公司的主要財務數據

年度	2019	2018	2017	2016	2015
獲利能力					
營業收入（億美元）	25.28	20.56	14.81	9.00	7.20
營業利潤	4.48	3.41	2.06	1.00	0.71
利息費用	（2.86）	（1.72）	（1.00）	（0.51）	（0.62）
淨利潤	0.81	0.95	0.73	0.25	1.14
獲利率					
營業利潤率	17.7%	16.6%	13.9%	11.1%	9.9%
財務費用率	-11.3%	-8.4%	-6.7%	-5.7%	-8.5%
淨利潤率	3.2%	4.6%	5.0%	2.8%	15.8%
每股盈餘	1.04	1.23	1.09	0.52	2.45
現金槓桿比率（倍）					
付息負債	37.38	42.22	21.91	8.01	8.67
稅息折舊攤提前盈餘	6.33	4.65	1.63	1.53	1.63
現金槓桿比率（倍）	5.91	9.08	13.44	5.24	5.31
淨槓桿比率					
付息負債	37.38	42.22	21.91	8.01	8.67
股東權益	11.17	10.29	9.42	2.99	2.71
淨槓桿比率	335%	410%	233%	268%	320%
自由現金流（億美元）					
營業活動的現金流淨額	3.13	3.24	1.30	0.96	0.57
利息費用	2.86	1.72	1.00	0.51	0.62
因利息支出而節省的所得稅*	（1.01）	（0.51）	-	（0.18）	-
資本支出	（1.71）	（1.47）	（0.83）	（0.43）	（0.37）
自由現金流*	3.27	2.98	1.47	0.86	0.82

（續下頁）

年度	2019	2018	2017	2016	2015
籌資活動的現金流（億美元）					
償還長期借款	（7.36）	（0.70）	（11.49）	（1.42）	（7.68）
增加長期借款	0.33	11.61	25.33	0.73	9.31
發行新股	-	-	0.03	-	-
普通票回購	（0.08）	（0.21）	（0.11）	（0.01）	-
發放股利	-	-	-	-	-
其他籌資活動	（0.01）	（0.26）	（0.25）	（0.05）	（0.70）
籌資活動的現金流淨額	（7.12）	10.43	13.51	（0.74）	0.93

＊計算公式：因利息支出而節省的所得稅＝利息費用 ×（當年度所得稅費用 ÷ 當年度稅前利潤）；自由現金流＝營業活動的現金流淨額＋利息費用 – 因利息支出而節省的所得稅 – 資本支出。

資料來源：作者整理

但厄爾德瓦多是否付了過高的價格呢？在二〇一九年六月二十四美國證交所公布的資料中，厄爾德瓦多預計合併後的第一年可以產生五億美元的綜效。根據《華爾街日報》（*The Wall Street Journal*）報導，美國伯恩斯坦研究公司（Bernstein Research）估計，如果五億美元的綜效可以實現，那麼「企業價值對公司稅息折舊攤銷前盈餘的倍數」（Enterprise Value/EBITDA），將從公告時的十．五倍下降到八倍。有三十年賭場業高階主管經驗的分析師霍華．柯連（Howard Jay Klein）的研究報告指出，以賭場娛樂公司來看，合理的企業價值倍數在十倍左右，厄爾德瓦多的收購價格在合理範圍。厄爾德瓦多在得到凱撒這個珍貴的品牌後，如果能好好經營，預計將是一個雙贏的合併。而根據不同研究報告的資料顯示，合併的綜效可能高達七．五億美元，市場資訊直接反應的結果就是在新冠疫情之前，厄爾德瓦多的股價不斷創歷史新高。

什麼是企業價值（Enterprise Value）？

企業價值是衡量公司總價值的一種方式，用於併購時衡量被併購公司的價值，通常被視為是比「公司市場價值」（market capitalization）更廣泛的估值指標。除了包括公司市場價值，企業價值還計入公司長短期負債和手上的現金，計算公式如下：

「企業價值」等於「公司市場價值」加「長短期借款」減「現金」

「公司市場價值」等於「公司流通在外股數」乘「市場價格」

作為公司併購時的衡量指標，企業價值比公司市場價值更好的原因之一在於，當併購發生時，公司經常要承擔被併購者的負債，因此企業價值往往更接近公司被併購的價格。同時，公司市場價值並不考慮公司的帳面價值，而單純是市場對公司未來營運的期望，無法反映出資產負債表上巨額負債或大量現金等特殊現象。為了能將企業價值和經營結果做比較，華爾街也以「企業價值倍數」（enterprise value multiple）作為衡量公司價值是否過高或在合理範圍。最常見的就是看企業價值是折舊攤提稅息前盈餘的幾倍，公式如下：

「企業價值倍數」等於「企業價值」除以「折舊攤提稅息前盈餘」

一般來說，企業價值倍數用於與同業的比較，同行的競爭者通常有一個合理的參考倍數，以了解被併購者的價值有無被高估。以賭場娛樂公司來看，合理的企業價值倍數在十倍左右。

研究分析至此，整件合併案的不確定性除了新冠疫情的影響，以及各州政府、內華達州賭場控制管理局（Nevada Gaming Control Board）、內華達州賭場管理署（Nevada Gaming Commission）和聯邦貿易總署是否核准合併之外，美中不足的是，厄爾德瓦多的財務槓桿不低，二〇一九年的現金桿槓比率為五．九一倍（參表4-3），併購金額高達一七三億美元的合併案，併購資金該怎麼安排？

在一七三億美元的資金需求中，厄爾德瓦多將支付七十二億美元的現金給凱撒娛樂，其餘則以約七千七百萬的厄爾德瓦多普通股支付。二〇一九年六月二十四日，厄爾德瓦多同時和VICI置業公司簽訂金額高達三十二億美元的協議，將位於紐澤西州、內華達州和紐奧爾良州等多處賭場酒店的資產出售給VICI置業公司，然後再以租回方式營運。如此一來，厄爾德瓦多的現金需求只剩下四十億美元。同時，在宣布兩家公司的合併案之前，厄爾德瓦多也做了一系列處分資產的準備，以充裕手中的現金。凱撒娛樂持續瘦身，減少資產，降低借款規模。

厄爾德瓦多併購凱撒娛樂的籌措安排，可以想見需要部分股權融資加上部分長期負債的組合。當時雖然還不清楚資金計畫如何，以四月股價來看，厄爾德瓦多不可能在此時進行股權融資。不過以我在美系銀行工作近二十年、遇見大大小小案子的經驗來看，倒不擔心它融不到資金。況且美國資本市場龐大，充滿各類投資人，資金相對泛濫。而金融界又偏好知名品牌，兩家公司合併的故事是品牌加優異的經營能力，融資案預計在政府審核通過後就能很快完成，只是價格的問題。

最後的決定

四月的基輔還透著寒意，封城的街頭空無一人。厄爾德瓦多的股價已從三月十八日六・〇二美元的最低點大幅攀升，到四月底上漲了將近七〇%，但回報／風險比例還有三・二倍，可見投資人對公司前景不確定性的容忍度較低。相較於同業只面臨病毒的困擾，厄爾德瓦多還必須面對政府核准、資金安排和合併整合等挑戰，也因此跌幅較深（參表4-4）。

投資的信心往往來自於深度的研究。對我來說，新冠肺炎疫情引發的市場崩盤是十年難得一次公司價值的調整。美國經濟的強勁和韌性勢必能熬過病毒的挑戰，聯準會的無限量化寬鬆政策無人可以抵擋，眾多疫苗仍在研發中，只是時間早晚的問題，市場終將回暖。而由億萬富翁艾肯一手促成的超級賭場管理團隊，加上兩家公司地域的互補，以及厄爾德瓦多過往成功的整合紀錄，我認為厄爾德瓦多是市場投來的一記好球。

根據我以往投資美國股市的經驗，多偏向商業模式良好且有高速成長潛力的股票如亞馬遜。這次美國股市因為疫情引發的崩盤，選股的重點轉變成在垃圾堆裡撿黃金，除了首先注意股價的回報／風險比例以確保公司價值是否大幅低估外，同時研究公司股價有無回到疫情前的可能性，以及有無產業因素進一步助長價格的增長。受到疫情重創的

表 4-4　賭場娛樂業的回報／風險比例

股票	厄爾德瓦多（ERI）	永利度假村（WYNN）	米高梅酒店（MGM）	凱撒娛樂（CZR）	金沙集團（LVS）
2020 年高點 (a)	70.74	153.41	34.64	14.73	74.29
2020 年低點 (b)	6.02	35.84	5.90	3.22	33.30
跌幅	91.5%	76.6%	83.0%	78.1%	55.2%
2020 年 3 月 26 日價格 (c)	21.44	85.53	16.83	9.66	48.02
跌幅	69.7%	44.2%	51.4%	34.4%	35.4%
上升回報 [(a) – (c)] / (c) = (d)	229.9%	79.4%	105.8%	52.5%	54.7%
下跌風險 [(c) - (b)] / (c) = (e)	71.9%	58.1%	64.9%	66.7%	30.7%
回報 / 風險比例 (d) / (e)	3.20	1.37	1.63	0.79	1.78

資料來源：作者整理

公司，如果收入能在三年內回歸疫情前的水平，如同收入從一百降到十後若再回到一百，將有九倍增長空間，以華爾街反應的速度估計，二到三年內的股價可能有三〇〇%的上升空間。

以挪威郵輪和厄爾德瓦多來看，四月幾乎是零收入，就算因為融資需求而有融資成本提高或其他因素的影響，股價只回到疫情前高點的八成，預計投資回報在兩年內也可以達到二〇〇%以上。因此，我最後的決定是，四月三十日分批進場購入厄爾德瓦多股票，最後平均持股成本為二一．二五美元。

誠實能幹的管理層

巴菲特在許多重要演講中常常舉例，如果你要把錢交給自己的同班同學管理，你會選擇哪一個？這個人不一定要是成績最好的，當然也不是最好看的，卻是最令人安心的。巴菲特看一個經理人，通常會注意他是否具有誠信，其次才是才智和活力。他打趣說，如果一個人才智過人、活力充沛但缺乏誠信，那你希望他最好什麼都不要做。沒有誠信，才智和活力反而會破壞公司的價值。

在二〇〇七年波克夏股東年會上，一位股東問到，一般投資人接觸不到公司的管理層，在投資一家企業之前，巴菲特如何建議一般投資人了解該公司領導層的誠信狀況。巴菲特開門見山說，過去多年裡，在他購買很多公司之前，都沒見過公司的領導層，也沒和領導層有任何交談，但他會大量閱讀有關公司、競爭者和產業的資料。對於購買上市公司的股票，主要閱讀公司的年報。他特別提到，自己會注意影響該產業經營最重要的因素，如果公司年報裡連提都沒提或只是輕描淡寫，沒有以誠實方式揭露，他認為基本上已經嗅到不誠實的訊息。

由此可見，巴菲特從年輕以來一直勤讀公司年報，對許多產業有深入了解，對於影響產業的關鍵因素也多有認識，在閱讀公司年報時就會有自己的見解，以判斷其可信度。以我自己多年的金融服務經驗，愈是誠信的管理層，揭露的往往也愈完整。公司年報中若有令投資者無法理解的財務狀況（除非是技術或專有名詞），這代表了管理層欲蓋彌彰的心態。巴菲特說，通常我們可以從公司致股東的信中學習很多，雖然這可能是公司投資關係部門或外部顧問審稿的結果，但如果管理層在一年一次對全體股東的說明中，不願告訴投資人需要的訊息，恐怕也隱藏著問題。

在一九九四年的股東大會上，巴菲特提出兩個衡量公司管理層的指標。一是公司管理層經營公司的績效，這通常可以透過公司和競爭者的績效看出，同時也能看出公司如何進行資本配置。另一個是對待股東的方式，巴菲特說：「看看他們如何對待自己、如何對待股東。糟糕的管理層往往是那些不太考慮股東的人。」他也提出了幾位為股東工作的傑出經理人作為對比，包括微軟（Microsoft）的比爾·蓋茲（Bill Gates）、首都城市（Capital Cities Communications）的湯姆·墨菲（Tom Murphy）和可口可樂的唐納德·奇奧（Donald Keough）等人。

巴菲特很慶幸波克夏旗下的公司中，許多管理層都已擁有數千萬到上億美元的身價，比世界上九五%的人都富有，但仍辛勤工作。他們希望能有公平的待遇，為的通常不是錢，而是對事業的熱愛。巴菲特與集團下每個公司的執行長沒有每年固定開會，公司領導層每兩年才會收到巴菲特的信。在二〇一〇年給旗下公司領導層的信中，他提到：「我們要繼續檢視我們的一舉一動，這些行為不僅合法，而且還要很高興被不友善但聰明的記者刊在報章頭條。」同樣的行為準則，巴菲特在不同的場合一再提及。

一九九一年，所羅門兄弟公司（Solomon Brothers）因為國債交易醜聞案，引起美國財政部與證券交易所的注意。巴菲特臨危受命，緊急擔任該公司的臨時執行長，面對監管部門和廣大投資人。他解雇了醜聞相關的工作人員，並在國會聽證會上表示，員工除了守法，還要捫心自問，在媒體的追蹤報導下，是否禁得起配偶和子女在報章頭條上讀到自己的行為。巴菲特在聽證會上說：「輸了公司的錢，我能理解；輸了公司的聲譽，我將不會留情。」很多人事後相信，是因為巴菲特個人的誠信，才讓證證交易所與財政部沒有對所羅門兄弟公司提起告訴，給了他們免於倒閉的機會。

二〇一五年十月，史丹福商學院教授對巴菲特旗下公司八十位執行長所做的問卷調查中，每一位執行長都同意，波克夏公司專注於誠實、正直、長期經營導向與服務客戶的公司文化，不會因為巴菲特不在公司而改變。巴菲特注重誠信，以身作則的管理方式不但在他的投資風格上體現，也成為波克夏重要的企業文化。

在投資凱撒娛樂／厄爾德瓦多時，最吸引我的也是公司優秀的管理層。在我所讀到的報章雜誌、新聞評論及研究報告中，都給了厄爾德瓦多執行長雷格高度評價。在後續分析師追蹤的訪談中，雷格提到的經營重點往往切中精髓，也得到分析師的好評，因而一再提高公司的估值。我認為，把自己的資金交給這樣的管理層經營，才是讓人晚上能睡好覺而且產生高報酬的投資選擇。

而在投資挪威郵輪之前，我也發現該公司年度報告之詳盡，讓我不但能在最短時間內獲得最多訊息，還能看出公司經營成功之處。年報上揭露的載客率是業界經營的指標，而從年報上看到年年超過一〇〇%的搭載率，不禁令人讚嘆該公司在疫情前的良好經營和客戶的強烈需求。在旁聽挪威郵輪季度的業績說明會後，我發現提供給股東的簡報，一點也不輸給投資銀行給客戶的資料，面對分析師各式各樣刁鑽的提問，也能從善如流地回答，讓人看到管理層誠實的揭露和經營的用心。

投資後續追蹤

二〇二〇年五月一日，就在我進場購入厄爾德瓦多股票後隔天，賭場娛樂業就傳來壞消息。由於各國旅遊簽證的限制，阻礙了澳門賭場娛樂博彩業的復甦。這個全球最大的博彩市場在四月的總收入僅九千五百萬美元，儘管市場預估將出現超過九〇%的跌幅，各大賭場娛樂公司也有足夠現金支應未來一年零收入的環境，但當現實迎面而來，投資人不安的情緒仍被攪動，當天所有美國賭場娛業股票全線下跌，米高梅、永利度假村和金沙集團分別下跌了一〇・八一%、五・五〇%和五・〇二%，但股價下跌最多的是厄爾德瓦多，從前一天收盤的二一・四四美元下跌到十八・八四美元，跌幅達十二・一三%。厄爾德瓦多在澳門並沒有賭場，只能說投資人在短時間內過度反應，市場先生的脾氣不易捉摸，我的投資也產生十一・三%的帳面虧損。

但厄爾德瓦多很快就擺脫了市場的恐慌，股價隨著疫情改善和經濟解封而扶搖直上。五月二十六日，內華達州州長訂六月四日為該州賭場開放的目標日期。當天，所有賭場酒店公司股價大漲，厄爾德瓦多股價上漲四・八三%，收在三五・一六美元。六月三日，VitaVegas.com 網站對外宣稱，拉斯維拉斯酒店入住率超過預期，有些酒店的入住率高達七成，厄爾德瓦多股價大漲九・五五%。隔天，拉斯維拉斯賭場如期重新開

表 4-5　賭場娛樂業 2020 年 6 月 5 日股價漲幅比較

股票	2020 年 4 月 30 日股價	2020 年 6 月 5 日股價	漲幅
厄爾德瓦多（ERI）	21.25	47.18	122.0%
永利度假村（WYNN）	85.53	101.61	18.8%
米高梅酒店（MGM）	16.83	21.72	29.1%
金沙集團（LVS）	48.02	56.02	16.7%

資料來源：作者整理

放，厄爾德瓦多股價跳空大漲一〇．四四%，收在四二．九四美元。

這時候，華爾街精明的資金也陸續進入市場布局，標普五百指數從三月二十三日的谷底二一九一．八六點，飆升到六月五日的三一九三．九三點，指數飆升了四五．七%。當然，標普五百公司的股價並不是沒有下跌，許多公司市值的損失仍高達六〇%，但科技股已率先回升，部分受疫情重創的公司反彈更大。到了六月五日，厄爾德瓦多收盤價為四七．一八美元，漲幅遠遠超過同時期的賭場娛樂股（參表 4-5），我的持股也上漲了一二二%，投資有了初步的成果。

然而，經濟重啟並不順利，厄爾德瓦多的股價開始呈現跌勢。在疫情期間，凱撒娛樂的管理層仍繼續競競業業地埋首於兩家公司合併業務的推動。六月十七日，厄爾德瓦多委託摩根大通成功發行七十二億美元的公司債，解決了收購凱撒娛樂所需要的資金需求。六月二十七日，厄爾德瓦多與凱撒娛樂的合併案獲聯邦貿易總署批准。六月二十五日，凱撒娛樂要求旗下賭場的所有客人都要戴口罩。七月十日，內華達州監管機構批准厄爾德瓦多收購凱撒娛樂。七月十八日，厄爾德瓦多與凱撒娛樂收到所有相關部門的核准。七月二十日，新的凱撒娛樂宣布成立，全球最大的賭場酒店娛樂集團正式誕生，合併後擁有五十五個酒店賭場休閒度假村。

七月二十七日，新凱撒娛樂公司董事長基思·柯札（Keith Cozza）宣布離職。由於柯札同時也是艾肯企業的執行長，市場充斥負面解讀，當天凱撒娛樂股價下跌十一·八八%，收在二九·七四美元，成為近期低點。但隨著市場信心恢復，凱撒娛樂股價一路向上。八月十八日，執行長雷格接受獨立分析師柯連的專訪，訪談結果強化了投資人的信心，使得股價持續向上。八月二十日，新凱撒娛樂股價收在四十六美元。

從分析報告看凱撒娛樂

八月十三日，摩根大通證券分析師丹尼爾·帕利澤（Daniel Politzer）發表對凱撒娛樂評級為「增持」（overweight）的研究報告，指出了兩大利多因素。首先，美國區域性賭場的復甦，預計可將公司營利率從二七%提升到三九%，這指的是不位於拉斯維加斯、而以附近幾州居民為目標客戶的各州賭場，占凱撒娛樂二〇一九年稅息折舊攤提前盈利的五四%。其次，美國運動博彩的線上業務已經合法化，預計將是突破陸上設施限制的成長機會，會為公司帶來每股十七美元的收益。摩根大通證券並將二〇二一年底的目標價格調高至五十美元。

摩根大通證券的研究報告固然有其影響力，但由於摩根大通屬於賣方分析師，通常只能預估未來一年的發展，然後根據公司實際的經營情況，進行逐步的價格修正。賣方分析師的價值在於一段時間就提供投資人更新的報告，讓投資人掌握公司發展的最新訊息，但也因此常看到賣方分析師隨市場價格變動而修改預估價格的做法。在賣方分析師這一行裡，必須在較短時間內求得準確的預測，而得以維護公司聲譽，但往往也限制了分析師對公司長期價值的評論。

當公司變化過快，或像新冠肺炎疫情引起各行業劇烈變動時，賣方分析師為求萬無一失，常發生發表報告的時間滯後，投資人可能只有次佳的買入時機。相較於把股票當做投資一家公司且看得更長遠的長期投資人，如果要看到公司的願景，買方分析師的報告可能提供了一個更基本而長期的投資觀點。全球最大買方分析報告網站 SumZero 在二〇二〇年七月中，發表了一篇對厄爾德瓦多和凱撒娛樂合併後的未來營運預測報告，在報告中更深入地提到合併後可能產生的綜效：

- 厄爾德瓦多是博彩娛樂界最強的經營者，為股東創造利潤的能力不遑多讓。現任執行長雷格加入厄爾德瓦多以來，該公司股價上升了十四倍，在二〇一五至一九年為股東創造了七〇%的年股東報酬率。
- 厄爾德瓦多收購凱撒娛樂所產生的綜效預計為每年八億美元，而這八億美元的貢獻將是純利潤。而且預計合併後公司經營凱撒娛樂六千萬的客戶回饋計畫，將產生每年額外一億美元的高利潤收入。
- 超過九〇%的酒店賭場設施將在七月底重新啟動，初期資料顯示消費者需求強勁，厄爾德瓦多和凱撒娛樂稅息折舊攤提前盈利分別上升十六%與三五%，以利潤率來看，將有超過十個百分點的上升空間。
- 報告預計公司將釋放線上運動博彩事業的潛力，估值將從銷售金額的七到十倍提高到同業水平（例如線上博弈夢幻體育商 DraftKings）的十五倍。
- 在厄爾德瓦多和凱撒娛樂這個高槓槓的交易中，預計厄爾德瓦多能透過降低資產和改善成本結構等方式償還五十億美元負債，因而大幅提高股東收益率。
- 目前投資人能以二〇二〇年稅息折舊攤提前盈利七倍的公司價值，買入厄爾德瓦多股票。根據公司過去五年的交易平均值，隱含了二到三倍稅息折舊攤提前盈利的公司價值未計入目前的價格中。

- 預計在十二至二十四個月內，公司股價為一百美元。

按照SumZero的預測，如果股價在兩年內能夠增加到一百美元，以我的持股成本二一．二五美元計算，投資在凱撒娛樂的預計收益率將達到三七〇%。買方分析師的看法往往需要更長的時間去實現，但也更合乎長期投資人的需要。

值得注意的是，許多之前的研究報告都在關注兩家公司合併的可能性，以及厄爾德瓦多的財務情況。疫情來襲時，市場焦點轉移到拉斯維加斯的賭場何時能重新開放。但在後來的研究報告中，開始關注最早給美國證交會的文件幾乎未提到的運動博彩，尤其是能克服地域限制的線上運動博彩業務。

二〇一八年五月十四日，自從美國最高法院撤銷聯邦政府一九九二年對運動博彩業務的禁令後，二〇二〇年九月底已有二十州立法核准該行業的經營，預計至少四十州可能將運動博彩業合法化。凱撒娛樂的線上運動博彩業務由子公司威廉希爾（William Hill）經營。威廉希爾是老牌的英國上市公司，在美國的業務透過與凱撒娛樂的合作來共同推動。由於僅持股二〇%，原本對凱撒娛樂獲利的貢獻度並不大。但美國是運動大國，各種球類競賽吸引著美國和全球觀眾，預計市場規模到二〇二五年可達一百五十億美元。線上運動博彩業已有多家公司投入，競爭十分激烈，商機也巨大。

為了把握未來的發展機遇，凱撒娛樂在九月十五日與另一家提供線上運動博彩業務的競爭者DraftKings，成為著名運動頻道ESPN的共同獨家合作廠商，凱撒娛樂當天股價大漲一〇．五四％，收在五五．三九美元。九月二十八日，凱撒娛樂以每股五十六美元的價格發行三千萬股新股，準備收購威廉希爾剩餘的全部股份。九月三十日，凱撒娛樂正式宣布，以大約三十七億美元的價格收購威廉希爾，準備全力衝刺線上運動博彩業務。由於新股發行的比價效應，股價暫時維持在五十六美元左右。

十月份，惡化的美國疫情使賭場行業股價呈現拉回趨勢，美國大選的不確定性更增加了投資人的憂慮，凱撒娛樂股價於十月底一度跌至四三．〇七美元。但隨著選情的明朗，股價大幅回升，十一月五日收盤價為五六．一三美元。從二〇二〇年四月底買入到十一月初六個多月的持股期間，我投資凱撒娛樂的未實現收益率為一六三．三％。

賭場已經開業，但營運還沒完全恢復，我的持股仍在繼續中。

第五章

一個國家，兩種經濟

五月的華爾街認爲，經濟正在解封，最壞的時候已經過去。
但也就在這樣一個牛市的開始時，
白人警察以暴力執法致死事件開始占據各大媒體。
面對社會動盪不安，華爾街卻似乎和社會脫了節，
它已經感受不到示威者的吶喊，
產生現代金融史上少見的「一個國家，兩種經濟」的現象，
暴露出美國社會更深層的社會經濟問題。

二〇二〇年五月的基輔，天氣轉暖。烏克蘭以肥沃的黑土聞名歐洲，向來有「歐洲糧倉」之稱。酷寒的冬天剛過，整個都市馬上綠意盎然。當時的基輔還處於封城，有一次，一位烏克蘭友人與我走在封城的街頭，偌大的市區沒什麼人，也沒有車。他告訴我，基輔市區一向塞車嚴重，今天我們看到了基輔最美的一面。我心裡想，一旦解封，會有多少人走出來享受這美好的時光呢？

回顧美國股市自二月底急速崩盤，到了三月二十三日從谷底攀升，如之前的觀察預測，爬升的幅度和下跌的幅度一樣陡峭。五月的華爾街認為，疫情最嚴重的影響已經發生在四月，經濟正在解封，最壞的時候已經過去。各方資金在五月份快速布局。標普五百指數從五月一日的二八三〇・七點升到月底的三〇四四・三點，從三月二十三日谷底的二一九一・九點算起，標普五百指數已經上漲了三八・九％。但也就在這樣一個牛市的開始時，明尼蘇達州的非裔美國人佛洛伊德被白人警察以暴力執法致死的影像，開始占據各大媒體頭條。

八分四十六秒的跪膝

五月二十五日傍晚七點五十七分，明尼蘇達州明尼亞波利斯市一家雜貨店的兩位店員走向對面一輛休旅車，要求坐在裡面的四十六歲男子佛洛伊德歸還剛買的一包香菸。店員認為佛洛伊德使用一張二十美元的偽鈔，但兩名店員空手而回。四分鐘後，店員撥打九一一向警方報案，電話紀錄顯示，店員說佛洛伊德使用偽鈔，而且已經醉到無法控制自己。

很快地，一輛警車開到現場，亞歷山大・昆恩（J. Alexander Kueng）和湯瑪士・連恩（Thomas Lane）兩名警官下車走向佛洛伊德的車子。幾秒鐘後，連恩拔出手槍，要求佛洛伊德把手放在方向盤上。經過約九十秒的斡旋，連恩將佛洛伊德拉出車外，戴上手銬，由昆恩帶到路邊訊問。這時可以看出佛洛伊德並未抵抗。六分鐘後，兩名警官將佛洛伊德帶上警車，試圖將他押入警車後座。過程中佛洛伊德跌倒，嘴角碰地。

幾分鐘後，警察戴瑞・蕭文（Derek Chauvin）和另一位警官邵都（Tou Thao）的警車也到了現場。蕭文在警界服務已十八年，期間對他的投訴事件高達十七件，包括三次開槍射擊、一次造成致命傷害。對邵都的投訴事件也有十二件，包括二〇一七年的一次殘忍執法。蕭文和邵都抵達現場後，蕭文將佛洛伊德從連恩的車子後座拖出。接下來，就發生眾所皆知的一幕，蕭文以跪膝姿勢壓在佛洛伊德的頸部。

晚上八點二十分，一位警官以警用行動電話呼叫第二級緊急醫療救護，通話中表示佛洛伊德的嘴角在流血。八點二十一分，警官再度通話，將緊急醫療救護升高到第三級。雖然警官已要求救護車支援，但蕭文仍以脆膝壓在佛洛伊德的頸部。佛洛伊德雙手被銬，臉部貼地，剛開始還很清楚地跟蕭文警官說他不能呼吸，但蕭文手插在褲袋裡，無動於衷。此時，昆恩和連恩也壓在佛洛伊德的背部和腿部，邵都則在一旁防止圍觀者介入。佛洛伊德在五分鐘內重複了十六次「我不能呼吸」，只聽到壓在他身上的警官回應：「那就站起來到警車裡。」最後只聽到佛洛伊德沉重地呼喊「媽媽」。

八點二十七分，救護車到達現場時，佛洛伊德已經失去知覺。醫護人員的第一反應是用手觸摸佛洛伊德的頸動脈檢查生命徵象，但蕭文並沒有因為醫護人員要做檢查而移動身體。大約一分鐘後，蕭文才在救護人員的要求下移開膝蓋。佛洛伊德被抬上擔架的那一刻已經不醒人事。當晚九點二十五分，醫院宣告佛洛伊德死亡。經過計算，蕭文單膝跪壓在佛洛伊德脖子上的時間共計八分四十六秒。

黑命關天

佛洛伊德的死，表面上是白人警察暴力執法引起，背後隱藏的卻是美國長年來持續性的種族歧視和司法不公的問題。新冠疫情期間，抗疫成效卓越的紐約州州長安德魯·古莫（Andrew Cuomo）評論佛洛伊德死亡事件時說：「如果你只有一兩個案例，我們還可以說這是個別案件。但如果有十個案例、十五個案例，還說是個別案件，那就是在否認。」在記者會上，古莫列出一九九一到二〇二〇年遭警察殘暴對待的案例，他說：「美國刑事司法體系不公，令人憎恨。」「改變的是名字，沒有改變的是膚色。」

佛洛伊德臨死前的影片透過社交媒體廣為流傳，很快就占據新聞頭條，群眾譁然，各方譴責。五月二十六日，上千名民眾聚集在佛洛伊德死亡的地點，舉行臨時追悼會。佛洛伊德家屬要求逮捕涉案警察並以謀殺罪名起訴。聚會組織者要求大家和平示威，但當晚群眾聚集在蕭文警官服務的警局，與警察發生小規模衝突，聚集民眾被警方以催淚瓦斯驅散。五月二十七日，警方仍未起訴任何犯案警察，民眾的抗議聲浪升高，白天的和平示威活動演變成連續幾晚的縱火、暴動和打劫商店事件。五月二十八日晚上，蕭文警官服務的警局被占領並焚毀，引起媒體的高度關注。

五月二十九日，蕭文被以二級謀殺罪起訴，其他三位警官則被控涉嫌協助謀殺。但當天更引人注目的，則是川普被視為公開威脅的推特和臉書推文，他寫道：「開始搶劫就開槍。」（When the looting stars, shooting stars.）後來推特隱藏了這段文字，臉書卻沒有採取任何行動，引起臉書員工高度不滿。全美新聞不斷，美國各州出現拆除南北戰爭中帶有白人至上主義的南軍將領雕像的風潮，全美一共移除了三十座雕像。這時，美國各州都參與示威抗議的遊行活動。

「黑命關天」（Black Life Matter）團體主張，從二〇一三到一九年，每年有超過一千名美國人在警方執法過程中喪命，警方已經沒有辦法保護他們的安全。過去要求警方改變執法行為的訴求已經無效，現在的訴求則是降低警察的預算。這一次的訴求受到許多地方首長的響應，洛杉磯市首先減少警察預算一億五千萬美元，紐約市也降低警察預算達十億美元之多。同時，全美多數主要街道包括華盛頓特區的賓夕法尼亞大道到紐約第五大道，都漆上了黑命關天的黃色字樣。黑命關天運動受到廣泛支持，佛洛伊德臨死前呼喊的「我不能呼吸」（I can't breath）成為抗議口號。黑命關天運動在全美迅速展開，更引發美洲、歐洲、亞洲、大洋洲、非洲等主要城市對種族歧視的示威遊行。

六月三日，美國兩百個城市實行宵禁，華盛頓出動了至少六萬二千名國民警衛隊。六月底，示威抗議活動已造成二十八名警察死亡、一萬四千人被逮捕，估計財產損失約四到五億美元，經濟損失僅次於一九九二年的洛杉機暴動事件⑯。到七月初，估計全美有一千五百萬到兩千六百萬人加入遊行行列，形成美國有史以來最大的示威遊行活動。

華爾街暴露的更深層問題

美國正在經歷的社會動亂從東海岸延伸到西海岸，四〇％的郡都加入抗議活動，但此時的華爾街絲毫不為所動，三大市場指數繼續收復三月份失去的點數。華爾街認為經濟正在重啟，人民終將回去工作，疫情總會過去，而社會的動盪和病毒的危機都只是暫時的，投資人急著建立部位，標普五百指數繼續上升，在疫情中受創最深的公司，股價也大幅回升。

面對社會動盪不安，華爾街卻似乎和社會脫了節。美國社會一方面困在傳染病的漩渦和民眾的暴動，另一方面，華爾街已經感受不到示威者的吶喊，產生現代金融史上少見的「一個國家，兩種經濟」的現象。佛洛伊德事件凸顯了美國種族歧視和司法不公的問題，華爾街的反應卻暴露出美國社會更深層的社會經濟問題。

收入不均的美國

美國是世界第一大經濟體，二〇一九年的人均國民所得高達六五二八一美元，但實際上人民的收入呈現巨大的差距。根據國會預算辦公室（Congressional Budget Office）

⑯一九九二年的洛杉磯暴動事件導火線起因於一九九一年三月三日，非裔男子羅德尼．金恩（Rodney King）與友人因超速在高速公路上被攔下後，遭多名警察持警棍狂毆，全程都被附近居民錄影，並將影片交給地方電視台，電視台雖僅剪輯十秒播放，種族對立情結瞬間高漲。一九九二年四月二十九日，陪審團裁定被告警察無罪，大批黑人遊行抗議，引爆美國歷史上規模最大、傷亡最多、經濟損失最大的暴動事件。

在二〇二〇年十月公布的「二〇一七年家庭收入分配」（The Distribution of Household Income）資料，把美國家庭收入從最高的二〇％到最低的二〇％分為五個級距，收入最低二〇％的美國人年收入為兩萬一千三百美元，而收入最高二〇％者的年收入為三十萬九千四百美元，兩者差距超過十四倍。如果去看收入頂層一％的美國人，差距就更明顯。收入頂層一％的年收入高達一百九十六萬二千美元，比年收入最高二〇％的美國人還高出六倍，更是收入底層二〇％者的九十二倍（參圖5-1）。

從一九七九到二〇一七年，美國收入最高二〇％家庭的平均收入增長了十六萬零四百美元，以百分比計算為一〇八％；而中間二〇％和最低二〇％家庭的平均收入，雖然在三十八年間也增長了三五％，但從金額來看，只分別增長了兩萬零一百美元和五千六百美元，收入不均的背後是更嚴重的收入增長不均（參圖5-2）。

貧富懸殊的美國

收入增長不均的結果形成貧富懸殊的差異，如果從財富分配的角度看美國，將看到一個不一樣的美國社會。

根據聯準會所公布的數據，二〇二〇年第二季全美國財富總額為一一二兆美元，最富裕一％的人群擁有三十四兆美元，占全美財富將近三分之一。加上富裕程度其次九％

圖 5-1　2017 年美國不同收入級距的平均家庭收入（單位：美元）

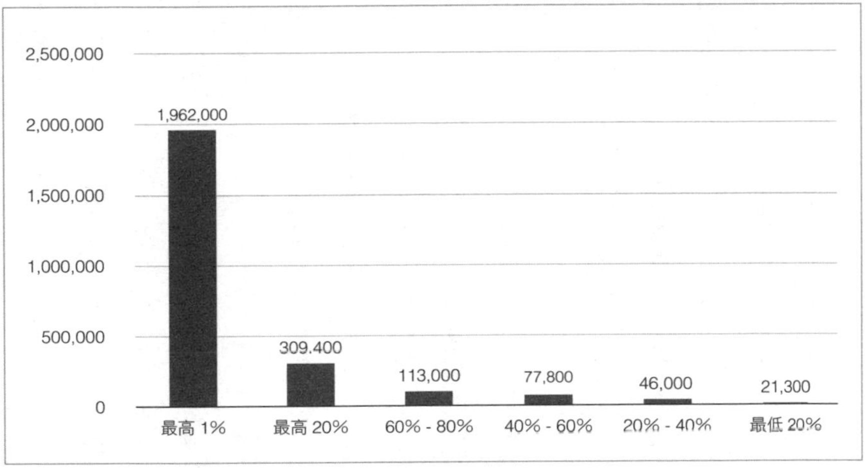

資料來源：美國國會預算辦公室／作者繪圖整理

圖 5-2　美國不同收入級距平均家庭收入的增長

（1979 至 2017 年，單位：千美元）

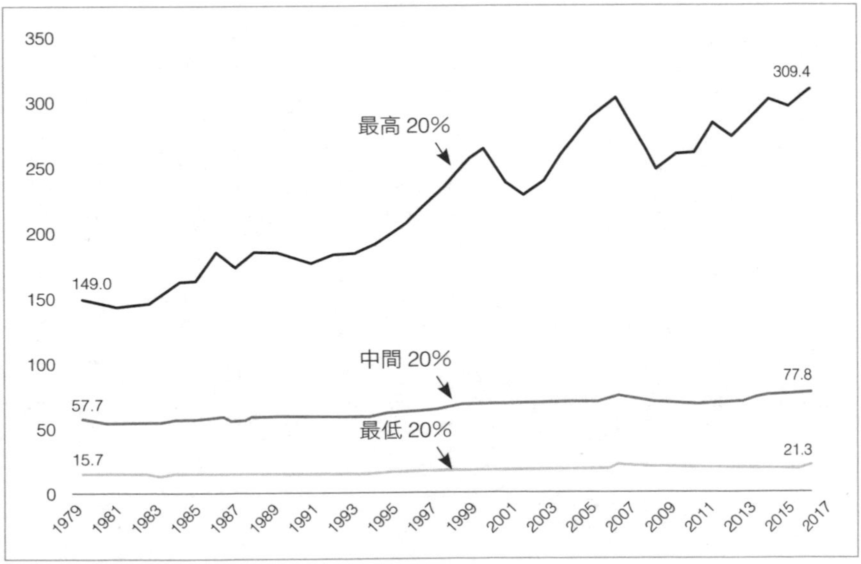

資料來源：美國國會預算辦公室／作者繪圖整理

人群所擁有的四十三兆美元，全美最富裕一〇%人群總共擁有的財富達七十七兆美元，占比超過全美財富的六九%。但美國財富底層五〇%的人群僅擁有全美財富的一．九%，貧富不均的程度名列世界前茅。

從一九九〇年第二季到二〇二〇年第二季，全美財富從二十一兆美元增加到一一二兆美元，共增加了九十一兆美元，成長了四．二倍。同時間，全美最富裕一%人群的財富增加了五．八倍，其次富裕九%人群的財富增加了四．五倍，財富的增長向富人集中。以金額來看，過去三十年間，全美增加了九十一兆美元的財富，而全美最富裕一〇%的人群所增加的財富達到六十四兆美元，占所有財富增加金額的七一%；而同時間，美國財富底層五〇%人群的財富只增加了一兆美元，占全美所增加財富的一．五%。由此可見，美國不僅僅是一個貧富懸殊的社會，而且財富的結構還在持續惡化中（參圖5-3）。

如果從族裔的角度進一步看財富的分配，看到的將是更令人吃驚的數字。二〇二〇年第二季，美國白裔家庭擁有九十四兆的財富，占全美八四%，非裔和拉丁裔家庭則分別擁有四．六兆和二．七兆的財富，占全美的四%及二%。換句話說，白裔家庭所擁有的財富，分別是非裔和拉丁裔家庭的二十和三十五倍。在一九九〇年第二季到二〇二〇年第二季的三十年間，白裔美國人的財富增加了七十五兆美元，財富增加的數量龐大，

圖 5-3　美國不同財富級距的財富分配

（1990 年第 2 季至 2020 年第 2 季，單位：兆美元）

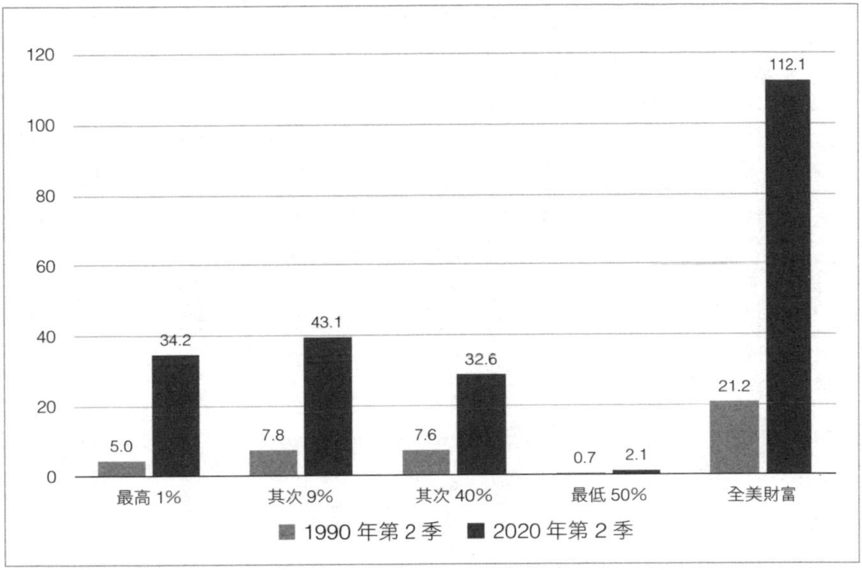

資料來源：聯準會／作者繪圖整理

也占同時期全美九十一兆美元財富增長的八三%。而經過了三十年，非裔和西班牙裔在美國的財富占比依舊是三十年前的四%和二%，族裔間的財富結構基本上沒有太大變化（參圖5-4）。

如果從家庭財富中位數的數字來看，感受會更直接。根據位於華盛頓政策研究中心（Institute for Policy Studies）的資料，二〇一六年，非裔家庭的財富中位數只有三三五七美元，不但遠遠落後全美家庭財富中位數的八一七〇四美元，而且只是白裔家庭財富中位數一四六九八四美元的二%。而拉丁裔家庭財富的中位數也只有六五九一美元，是白裔家庭的四%。換句話說，白裔家庭財富的中位數分別是非裔和拉丁裔家庭的四十一倍和二十二倍。如果家庭財富可以低到只有幾千美元，那麼有許多家庭應該都是零財富，甚至因為負債，財富的淨值還可能為負數。根據研究報告，二〇一六年全美有超過二〇%的家庭沒有任何財富，而沒有財富的家庭在非裔和拉丁裔的比例竟高達三七%和三三%。

接著來看看美國的貧困人口。二〇一九年，年收入低於二六一七二美元的四口之家與年收入低於一三〇一一美元的個人，被美國歸為貧困人口，而全美國約有十一%的人生活在貧窮線以下。如果將貧困人口以族裔來劃分，非裔和拉丁裔美國人的貧困人口比例高達十九%和十六%（參圖5-5）。這次佛洛伊德事件的遊行參與者，雖然已有跨種族

圖 5-4　美國不同族裔家庭財富分配

（1990 年第 2 季至 2020 年第 2 季，單位：兆美元）

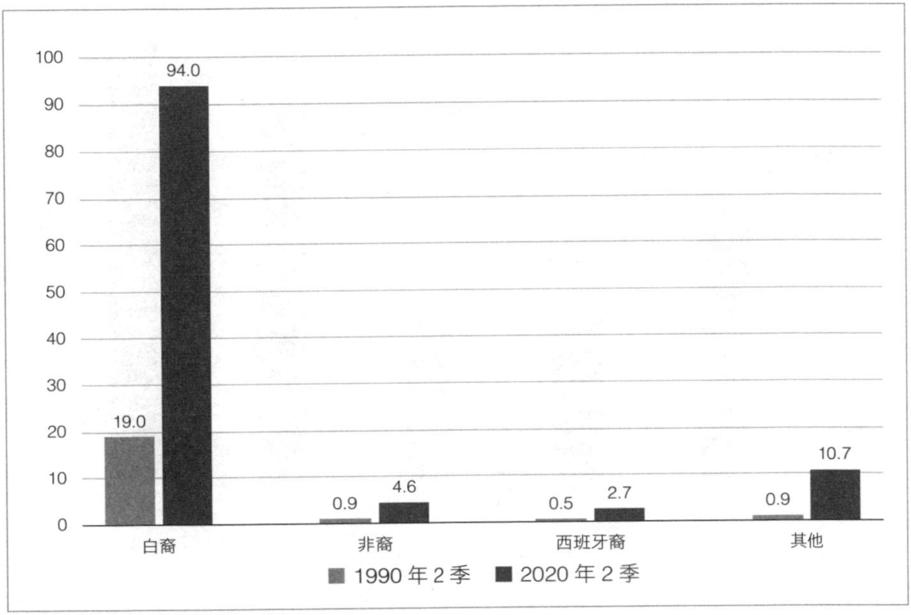

資料來源：聯準會／作者繪圖整理

圖 5-5　2019 年美國不同族裔貧困人口的比例

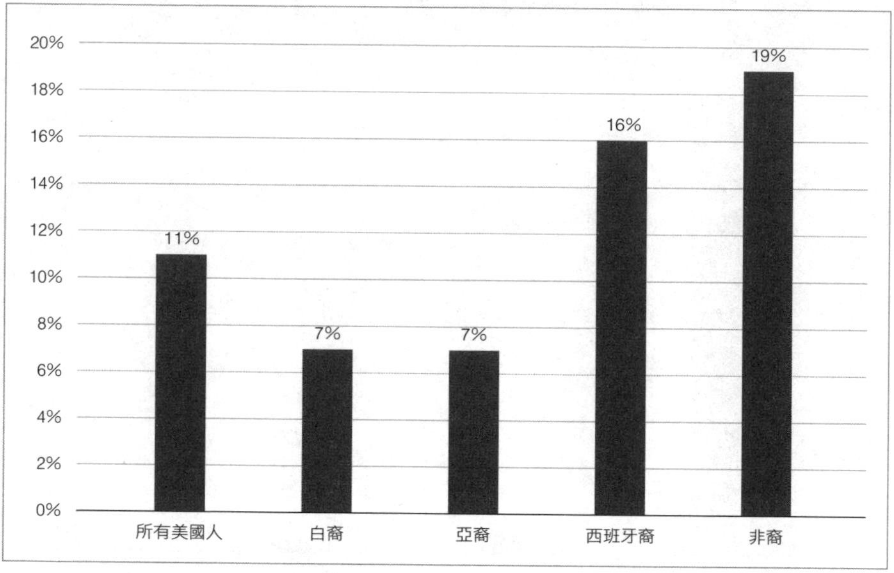

資料來源：美國人口統計局／作者繪圖整理

的跡象，但還是以新冠疫情期間大量的非裔和西班牙裔的失業人口為主。由以上種種數據推論，這次的示威遊行是由收入和財富較低的人口族群組成，對經濟影響相對較小，對市場衝擊自然不大。

可以說，美國經濟發展的結果不但造成收入不均、貧富不均，而且族裔之間的發展也高度不均。雖然這些數字並不代表美國沒有非裔的億萬富翁，大家熟知的前ＮＢＡ球星麥可．喬丹（Michael Jordan）和知名主持人歐普拉（Oprah Winfrey）就在全美億萬富翁之列。但不可否認的是，不論從收入或財富的角度，這一次以非裔美國人為主的示威遊行雖有跨種族年輕人支持，但因收入較少，財富總量相對不高，對市場的影響就不大。然而投資人還是不禁要問，這麼多人失業，這麼大規模的遊行，難道對經濟沒有影響嗎？如果對經濟有影響，為什麼對標普五百等市場指數沒有影響？

標普五百指數與美國經濟的背離

眼前的高失業率和全美抗議的群眾，不禁讓人覺得美國股市的表現似乎與經濟現狀背離。當失業率創歷史高點時，華爾街卻大幅反彈。值得了解的是，股市長期來看固然是經濟的櫥窗，但以最有代表性的標普五百指數為例，其不僅不代表美國經濟，驅動它漲跌的因素也與促使美國經濟增長的因素不盡相同，甚至可能在短時間內有完全背離的關係。標普五百與美國經濟基本上的不同，可由下面幾點解釋。

一、如果仔細看看標普五百指數的成分股，它代表了美國五百家（實際上是五百零五家）大型企業，而美國有兩千八百七十萬家企業，其中九九．六％為五百人以下的小型企業。根據估計，標普五百公司大約只雇用了二五％的美國勞工。小型企業則雇用了將近一半的美國勞工，而且為標普五百公司工作的多數員工都是高技術人員，因此受到疫情影響而失業的比例相對較小。

二、美國ＧＤＰ的三分之二是由消費支出組成，而標普五百公司有三分之二的獲利來自製造業。可以說，美國經濟主要是由消費驅動，而標普五百公司則主要由製造業所驅動。

三、美國的進口多於出口，國際貿易只占ＧＤＰ的一〇％，並不是美國ＧＤＰ的主要來源。但標普五百公司的收入有四〇％來自國際市場，換句話說，它不只與美國經濟有關，還受全球景氣影響。

四、當國際大宗商品價格上漲，基本上對消費增長不利，延緩ＧＤＰ的增長。而標普五百公司有些是大宗商品的用戶，由於大量採購的議價能力，成本上漲的影響比一般消費者較小，此外，由於部分標普五百公司本身就是大宗商品的產品或機器設備供應商，國際大宗商品價格上漲反而有助於標普五百部分公司的獲利。

五、到四月底為止，科技股占標普五百指數權重達二六%，亞馬遜、蘋果、微軟、谷歌和臉書等五家公司就占了十七%，但科技公司占美國經濟的比重遠小於這個比例。科技公司的獲利表現對標普五百指數的影響，遠大於美國經濟。

六、標普五百指數與美國經濟最明顯不同，就是標普五百指數是以五百家公司的市值計算而得，而美國經濟的GDP則以一個國家的消費、投資和國際貿易來往計算。公司的市值是預期性的，GDP卻是實際的投入和產出。也因此，標普五百指數受心理因素影響很大，與投資者的信心有關，但不一定能反應在經濟現實面上。

量化寬鬆政策不經意的結果

美國股市的表現與經濟產生背離（或說領先經濟）的另一個重要原因，就是因為聯準會的量化寬鬆政策。量化寬鬆的資金進入了金融機構體系，但一般相信，並非所有的資金都如預期般進入了實體經濟，大量的資金經由金融機構間接借貸給了各類投資機構、公司和個人，而增加了對金融資產的購買，直接造成金融資產價格的上漲。

同時，聯準會在啟動量化寬鬆政策之前，往往已調低利率，市場在低利率的環境運行，但仍無法刺激經濟，於是將資金直接注入金融體系，使得部分投資人因為對風險資產收益的要求而必須做出部位的調整，最直接影響就是部分資金由債市流入了股市。

最後，聯準會在金融危機第一次實施量化寬鬆政策時，被形容是「坐在直升機上撒錢」，結果，華爾街投資人信心大增，之前因為疫情擴散而瘋狂賣出或因認為估值過高而未進場的資金，此時大量回籠進場，進而推高股價。

二〇〇八年九月十五日，就在雷曼兄弟宣布破產之後，聯準會開始實施量化寬鬆政策，其資產負債表從九月中的一兆美元，擴張到十一月初的二・二兆美元，增加了一・二兆美元。但華爾街驚魂未定，投資人首次面對量化寬鬆，對於政策的有效與否保持觀望態度，因此市場持續下跌。到了二〇〇九年三月初，市場才從金融危機的谷底開始反彈。可以說，華爾街經過了六個月的觀察，才從量化寬鬆政策中反應過來。

有過一次量化寬鬆經驗，在聯準會二〇二〇年三月二十三日宣布施行無限量化寬鬆後，華爾街花了一天時間就已經把籌碼消化完畢，還沒等聯準會大幅買進資產，隔天市場馬上狂奔，CNBC記者也回過神來，大聲呼喊：「不要抵抗聯準會。」三月二十三日這天就是此次的谷底，市場再也不回頭。從圖5-6中，我們可以清楚看到聯準會量化寬鬆政策下，資產負債表的增減與標普五百指數變化的關聯性。可以說，這是華爾街精

圖 5-6　美聯儲資產負債表與標普 500 指數

（2007 年 7 月至 2020 年 10 月）

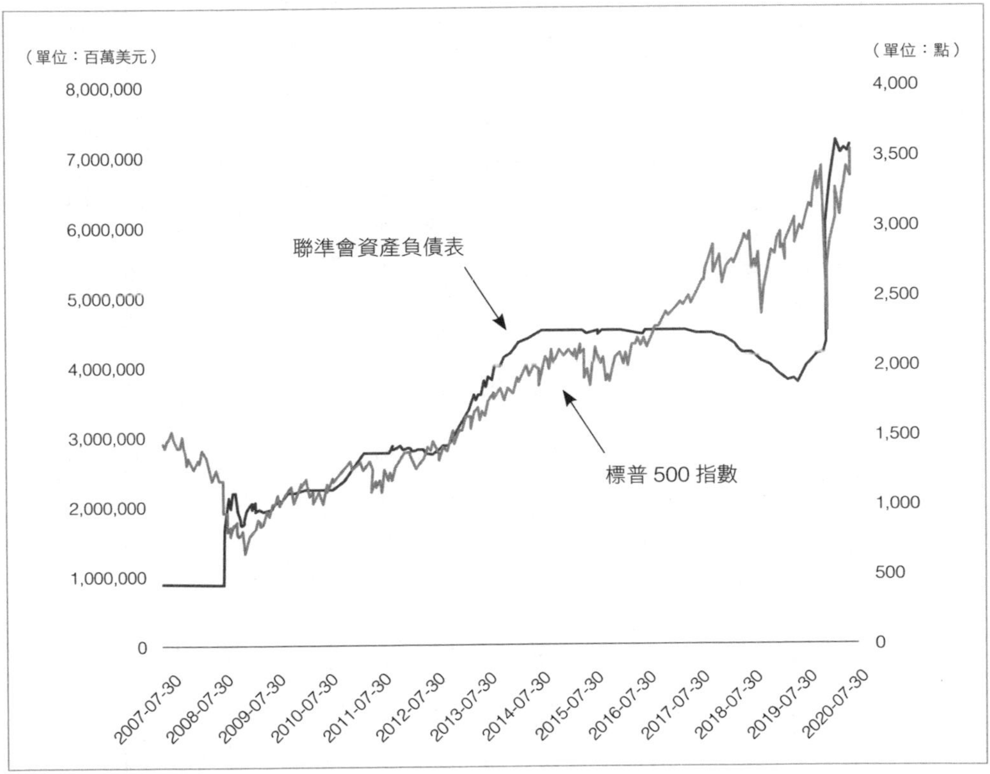

資料來源：聯準會、東財國際證券／作者繪圖整理

明的地方，也是聯準會量化寬鬆政策不經意的結果。

根據聯準會的統計，全美擁有股票和共同基金的資金從疫情前（二〇一九年第四季）的二十九兆美元，受疫情影響後減少到三月份的熊市谷底（二〇二〇年第一季）的二十二兆美元，但資金很快地在第二季回籠。隨著股市回升，全美擁有股票和共同基金的資金在二〇二〇年第二季底已回到二十七兆美元。其中，全美最富裕的一%人口擁有的金額為十四兆美元，占比五二%；如果把範圍擴大到全美財富前一〇%的人口，則擁有股票和共同基金的金額增加到二三・六兆美元，占比高達八八%。隱藏在股市背後更為驚人的真相是，在美國貧富懸殊的財富結構下，華爾街已成為富人的樂園。如果擁有全美財富前一〇%的人群或投資管理機構沒有離場，再多的示威遊行也看不到市場下跌，這說明了為什麼美國會呈現「一個國家，兩種經濟」的特殊現象（參圖5-7）。

崎嶇的復甦之路

華爾街與主街（Main Street）的表現分歧，不管是貧富不均的結果也好，或是聯準會量化寬鬆不經意的政策結果也罷，根據美國公共媒體研究實驗室（APM Research Lab）的統計，非裔美國人的死亡率是所有族裔中最高的，預計感染人數也位於前列。

圖 5-7　美國疫情前後不同財富級距擁有股票和共同基金金額的變化

（單位：兆美元）

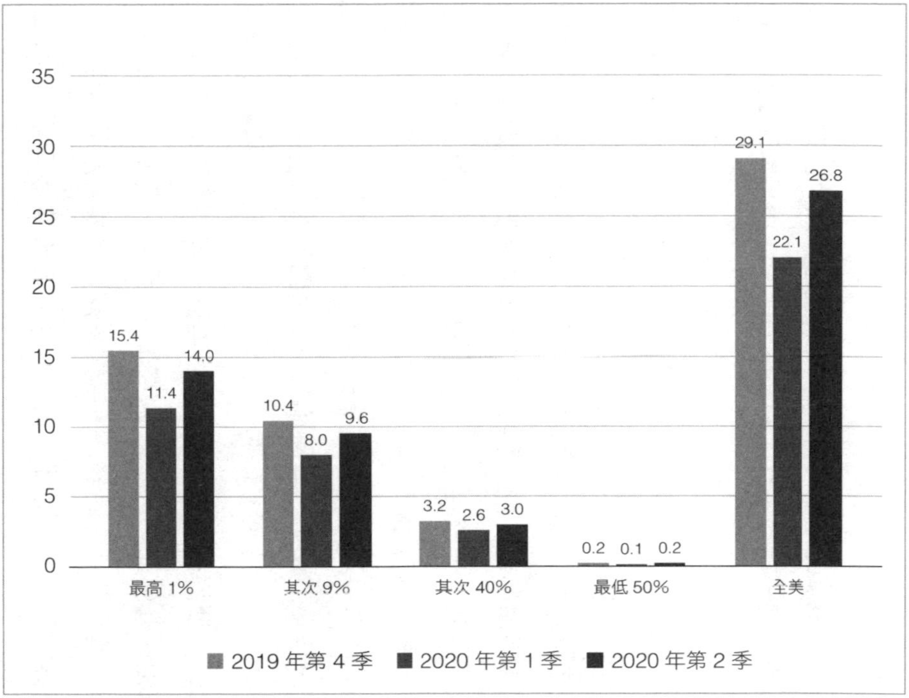

資料來源：聯準會／作者繪圖整理

而大量的示威人群以非裔美國人為主，有些遊行者不但沒有戴口罩，也完全違反社交距離的要求。此時的美國整體感染人數並未大幅減少，然而到了五月份，川普政府已經迫不急待要解封。疾控中心在順應白宮的要求下，提出連續十四天新增案例減少便再開放經濟的指導原則也沒有被好好遵守。許多州在防疫不成熟的情況下重啟經濟，但市場上依然充滿不安。

之前的熊市是因病毒而起，而市場剛回升，華爾街要面對的是病毒如何控制、能不能被控制以及多久能受到控制等重大不確定性。CNBC記者不斷進行專訪，如果爆發二次疫情，聯準會的無限量化寬鬆政策的威力能否擋住百年一次的傳染病？財政部有史以來最大的二·二兆美元刺激計畫到七月底就要結束，美國能否應付有史以來最高的失業率所喪失的購買力？根據CNBC專訪的結果，雖然有些專家表示，場外還有數兆資金還沒進場，但在公共衛生安全仍有隱憂面前，市場的復甦道路顯然是崎嶇的。

再次升高的疫情

美國在四月所做的努力，包括許多重要的州執行了居家令，最明顯的成功例子就是紐約州。紐約擁有高度密集的國際航班，是全美疫情最嚴重的一州，三月二十二日啟動居家令之後，疫情在四月達到高峰，五月就受到控制。接下來又進行大量檢測，確定疫情在可控範圍之後，分四階段開放經濟，並適時宣導民眾戴口罩。在種種防疫措施執行下，以人口比例計算，紐約州後來成為感染比例最低的州。

然而，還是有好幾個州未做好準備、也沒有足夠測試就貿然開放。喬治亞州在四月三日實施居家隔離，取得部分防疫成效後便在五月一日解除居家令。五月十五日，喬治亞州在未符合疾控中心要求確診病例須連續十四天減少的條件下，就開始第一階段的經濟重啟，成為全美最早解封的一個州。此外，重啟經濟後的維吉尼亞州隨著人們活動的增加，六月的確診病例從每天不到一千人一路增加到六月底的兩千多人，感染人數大幅增加，疫情急速惡化。在新的確診病例中，約三分之一的病例來自於喬治亞州的首府亞特蘭大市，連該市市長凱莎．蘭斯．波多斯（Keisha Lance Bottoms）也感染了新冠病毒。

疫情的加劇，也讓州政府和地方政府對於如何控制疫情產生嚴重分歧。七月十日，當喬治亞州的經濟重啟計畫已經進行到第二階段，亞特蘭大市市長宣布將重啟計畫推回到較嚴格的第一階段，尤其是民眾在公共場合必須戴口罩。這一命令引起州政府高度不滿，認為亞特蘭大市違反州長的命令，甚至為了是否戴口罩的問題，維吉尼亞州州長布萊恩．坎普（Brian Kemp）將亞特蘭大市長波多斯告上法院，病毒的傳染中夾雜著政治角力。但病毒沒有政治立場，繼續在喬治亞州蔓延。七月底，喬治亞州一天的確診病例高達近五千人，疫情再次升高。

加州的情況與維吉尼亞州的情況類似，不同的是，加州不但是全美GDP第一大州，四千萬的人口數也居美國人口首位，一旦病毒散播開來，影響將更巨大。三月十九日，加州州長很快就下達全州的居家令，是美國少數幾個反應最早的州，州長在自己的推特中也貼出戴上口罩的照片。四月份，加州感染病例略有下降趨勢，到了五月，已有各方壓力要求州長重啟經濟，更有民權律師發起超過十項起訴訟，直接把加州州長的居家令告上法庭，認為加州政府違反憲法賦與人民的權力。

六月份，病毒開始在美國的第一大州肆虐。七月十四日，加州單日確診人數超過萬人，其中位於首府沙加緬度（Sacramento）聖華金郡（San Joaquin County）的急診中心不得不增加病床，以因應蜂擁而來的病患，急診中心的使用率達到空前的一三二%。加州州長不得不撤回經濟重啟計畫，所有的酒吧、餐廳、博物館、健身房、髮廊、電影院等有室內聚集的活動一律停止，學校秋季班停止面對面授課。七月二十二日，加州單日確診人數超過一萬兩千人，累計確診人數超過紐約州達到四十二萬人，成為病毒重災區。

為了了解各州的病毒傳染情形，IG共同創辦人凱文．斯特羅姆（Kevin Systrom）和麥可．克里格（Mike Krieger）建置了Rt.live網站。Rt值代表每一個新冠病毒病例所傳染的平均人數。如果Rt值大於一，代表每一個新冠病毒患者傳染了超過一人，也就是疫情還在加劇；如果Rt值小於一，代表每一個新冠病毒患者傳染了少於一個人，意謂著疫情在趨緩。從美國各州的資料來看，五月底的Rt值大於一的只有二十五州，到了六月底已經擴大到四十五州，幾乎各州都嘗到五月過早重啟經濟的苦果，七月份，全美累計確診人數超過四百萬人，疫情幾乎失控。

失控的癥結

美國是一個崇尚自由的國家，許多實施居家令的州都遭到民眾的示威抗議。情況嚴重的密西根州甚至有抗議者武裝上陣，還以網站公開募款，要求州長解封密西根州（參www.unlockmichigan.com）。川普也站在示威者這邊，不但與民主黨州長站在對立面，還在推特上火上加油說：「解放密西根州！解放明尼蘇達州！」（Liberate Michigan! Liberate Minnesota!）可見當時許多州長在實施居家令一個多月後，承受了來自各方面要求重啟經濟的巨大壓力。但從全美的情況來看，防疫失敗的根本原因到底在哪裡？政府投入了這麼大的人力和物力，為什麼還是沒有得到該有的成效？

對於病毒防疫，公共衛生專家一致認為，除了萬不得已採取封城手段外，必須透過廣泛檢測來了解感染範圍，同時要追蹤患者的接觸史並加以適當隔離，才能圍堵住病毒。哈佛全球衛生機構（Harvard Global Health Institute）主任阿希許・吉哈（Ashish Jia）說：「基本上，檢測、社交距離和居家令都是為了把已感染和未感染的人分開。……在我們面前的問題是，我們有足夠的測試可以重啟經濟嗎？我不知道有誰認為足夠，除了總統以外。」四月中，吉哈和同事發表文章表示，美國至少應該達到一天五十萬人的檢測量再考慮重啟經濟。需要檢測的人數是根據整體感染人數而調整，而這個最低檢測人數的要求就在一週後上升到每天九十萬人。

然而疾控中心一開始開發的檢測裝置就產生瑕疵，美國食藥局也沒有及時與私人企業合作生產足夠的檢測設備，造成抗疫初期檢測速度落後病毒傳染速度。川普急著打開經濟，但檢測相關設備的供應依舊不足。如果沒有中央協調採購，自然會形成地方各自爭取資源的局面。如同紐約州州長古莫所呼籲，聯邦政府應該出面統籌相關檢測產品的生產事宜。各州之間爭相購買檢測器材和相關產品的結果，就是防疫措施的混亂以及價格的上漲。

雖然聯邦政府在五月份提供一千三百萬份檢測用品，但川普始終不願意以中央協調的方式，有系統地統合檢測廠商的供應鏈，以確保必要檢測物資的生產和分配。他在急著重啟經濟時說：「各州州長在重啟經濟事務上要求有完全的控制權，卻要聯邦政府來做檢測工作。你不能什麼都要，檢測是地方事務！」

到這裡可以看出，美國疫情失控的癥結在於缺少有效的全國性協調機制，從一開始檢測相關物資的採購、生產和配送就出了問題。各州以自己的一套系統各自執行，就算一個州的情況轉好，也不能保證不會受到另一州的疫情所影響。五月第一週，雖然累積檢測人數達全球之冠，但平均每天的檢測量只有二十六萬五千人，還不到最低檢測人數需要量的三分之一。到了七月底，根據《紐約時報》統計，只有十州達到最低檢測人數的目標，三十六州未達到要求，而全美的平均每日檢測人數只達到能抑止病毒傳染水平所需檢測人數的三八%。

除了檢測人數之外，另一個重要指標是檢測為陽性的比例。根據國際衛生組織，一個國家或地區要安全地重啟經濟，除了要達到足夠的檢測人數以外，檢測為陽性的比例必須連續十四天低於五%。七月底，美國除了檢測人數不足之外，檢測結果為陽性的比例高達八%。

翹首盼望的華爾街

三大指數在三月二十三日觸底之後，指數一路爬升。五月份，確診病例在各州隨著封城而減少的同時，三大指數在六月八日創下短期新高，短短兩個多月已從三月二十三

表 5-1　2020 年三大指數表現與全美確診病例比較

（3 月底至 9 月初）

市場指數／確診病例	道瓊工業指數	標普 500 指數	那斯達克指數	單日確診病例	累計確診病例
2020 年高點	29,568	3,393	9,838		
2020 年 3 月 23 日低點	18,213	2,191	6,631	10,934	31,573
從 2020 年高點跌幅	- 38.4%	- 35.4%	- 32.6%		
2020 年 4 月 23 日	23,515	2,797	8,494	37,144	865,585
從 3 月 23 日低點漲幅	29.1%	27.7%	28.1%		
2020 年 6 月 8 日	27,572	3,232	9,924	17,598	1,956,421
從 3 月 23 日低點漲幅	51.4%	47.5%	49.7%		
2020 年 7 月 31 日	26,428	3,271	10,745	68,605	4,542,579
從 3 月 23 日低點漲幅	45.1%	49.3%	62.0%		
2020 年 9 月 2 日	29,100	3,580	12,056	39,711	6,087,403
從 3 月 23 日低點漲幅	59.8%	63.4%	81.8%		

資料來源：作者整理

日的底部回升約五〇%。但隨著各州解封帶來的病例上升，雖然確診病例上升的趨勢在六、七月沒有停止跡象，甚至在七月二十四日到達短期高峰的七四八一八人，然而疫情擴散的因素似乎已經被市場消化。除了有聯準會無限量化寬鬆政策的支持外，全球一百六十個疫苗研發不斷推進，醫療經驗也在提升，七月份指數僅小幅回調。

八月份，隨著確診病例逐漸下降到八月三十一日的三二〇八七人，市場情緒逐漸轉為樂觀，完全擺脫二次疫情的影響，三大指數同步推高，一路高歌猛進，以驚人速度上漲到九月二日近期的高點。

但三大指數的漲幅開始分歧，受惠於疫情期間數位經濟加速發展的科技股漲幅明顯領先，代表科技股的那斯達克指數到九月二日已攀升至一二〇五六點，不僅比三月的谷底上升了令人難以置信的八一・八％，甚至超過了疫情前的九八三八高點達二二・五％。標普五百指數也不甘示弱，從谷底上漲了驚人的六三・四％，而代表傳統大型股的道瓊工業指數跟隨在後，回升了五九・八％（參表5-1）。

八月底、九月初，美國每天仍然約有四萬人感染新冠病毒，在累計確診病例高居全球之冠的情況下，華爾街卻取得如此成績，連CNBC記者也很難相信自己看到這個現象，已經不知道如何評論。但畢竟經濟重啟並不順利，美國的疫情還在延燒，CNBC記者疑慮不斷，一直追問受訪者，投資人是否過度熱情、科技股是否過熱。而往往在關鍵時刻，話題又回到疫情本身。這次熊市因新冠病毒而起，經濟要恢復正常，就必須要能抑制和斷絕病毒的傳染，其中最關鍵的就是疫苗的發展。任何有關疫苗的消息，處處牽動著華爾街的神經。

第六章

百億美元的疫苗競賽

因疫情影響的華爾街能由熊市轉牛市，
主要依託在聯準會的量化寬鬆政策，聯準會提供的資金支援。
但經濟要回到正軌，美國人民的消費需求要完全釋放出來，
還是得仰賴疫苗，讓大家對公共衛生無慮。
因此只要有疫苗消息釋出，市場還是隨之振盪。

二〇二〇年八月初，全球新冠肺炎確診病例已經將近兩千萬人，死亡人數也超過七十三萬人，疫苗的開發成為世界各國藥廠的一場生技競賽。根據《紐約時報》每天公布的疫苗追蹤報導，八月初全球已經有一百七十三個疫苗項目在開發。而在這場疫苗開發競賽中，除了有小型生技公司嶄露頭角，領先全球的大型製藥公司也全力投入。以全球動輒數十億劑的需求來計算，如果公司有開發成功的希望，各國政府對單一公司購買疫苗的資金少則數億美元，多則十幾億美元，而且可能演變成每年固定要施打的疫苗，市場價值預計超過百億美元。新冠病毒疫苗的開發，已成為各生技公司之間的競賽。

小型生技公司嶄露頭角

一、生技產業的後起之秀——莫德納公司

二〇二〇年七月二十八日清晨，喬治亞州薩凡那市（Savannah）一名志願者成為新冠肺炎疫苗大規模人體實驗的第一名參與者。全美有三萬名志願者在八十九個中心，進行第三階段疫苗的安全性和有效性測試。三萬名志願者分為兩組，一組只注射安慰劑，另一組接種由生技公司莫德納與美國國家衛生研究院（National Institution of Health）合

作開發的疫苗。隸屬國家衛生研究院的過敏暨傳染病部門（National Institution of Allergy and Infectious Diseases）主任安東尼・佛奇（Anthony Fauci）[17]說：「我們今天展開了疫苗學史上的歷史性活動。」因為美國從未有新開發的疫苗，能在這麼短的時間內從了解病毒進行到第三階段的測試。

顛覆傳統的嘗試

多年來，在開發治療免疫系統失調疾病、癌症或稀有病種新藥物的過程中，生化製藥產業一直致力於發展更好的療法。然而開發新藥的方式有許多限制，研發費用也非常昂貴，很多時候高達數億美元。但成功的新藥或許只消一年就能回收所投入的資金，莫德納公司採取的正是一種顛覆行業的做法。它讓治療疾病所需的蛋白質直接在人體內產生，也就是靠人體產生出足夠的抗體來對抗病毒，而不是在製藥廠中製造，其中的關鍵就在於「信使核糖核酸」（Messenger RNA, mRNA）。

莫德納從二〇一〇年成立以來，已是美國生化行業募集資金數一數二的公司，同時

[17] 安東尼・佛奇是美國免疫學家、公衛權威，對於愛滋病、H1N1及新冠病毒等疾病的研究有重大貢獻，曾與六任美國總統共事。

也透過不斷與國際製藥大廠的合作，取得大量預付開發款項。其新穎的技術訴求，成功募集了三十二億美元的資金，在二〇一八年的市場價值已達七十五億美元。但mRNA是一種尚未被證實的技術，自成立以來並未以mRNA技術成功開發過任何一種藥物或疫苗，CNN在五月份時便報導，白宮重押資金，將防疫的希望放在一家尚未有成功紀錄的小公司身上。然而早在二〇二〇年一月十三日，也就是在中國公布新冠病毒基因序列之後兩天，莫德納就和美國國家衛生研究院合作解開新冠病毒的mRNA序列，命名為mRNA-1273，可見莫德納也有過人之處。

飛快的領跑者

接下來，莫德納以飛快的腳步奔跑在開發新冠肺炎疫苗的道路上。

一月二十三日，總部位於挪威奧斯陸（Oslo）的傳染病預防創新聯盟（The Coalition for Epidemic Preparedness Innovation）在未公布金額的情況下，宣布支持莫德納與隸屬過敏暨傳染病部門的疫苗研究中心（The Vaccine Research Center）共同開發疫苗，並由美國國家衛生研究院主導第一階段的疫苗測試。

傳染病預防創新聯盟由比爾及梅琳達・蓋茲基金會（Bill & Melinda Gates Foundation）與多個國家共同創立，在全球募集了二十億美元，用於投入發展人類所需疫苗。該聯盟將資助莫德納成功開發疫苗後的生產資金需求。在全球超過一百個國家籠罩在新冠肺炎疫情的情況下，預估市場對疫苗的需求將高達百億美元，而莫德納成為最早獲得聯盟肯定的公司，無異是開發新冠病毒疫苗的領跑者。

二月七日，在短短二十五天中，莫德納已經完成第一批臨床使用的 mRNA-1273 疫苗試劑，進行下一步的分析測試。三月十六日，國家衛生研究院宣布 mRNA-1273 疫苗完成第一位人體注射，從完成序列分析到第一位人體注射，莫德納只花了六十三天。四月十六日，生物醫學先進研究開發局（Biomedical Advanced Research and Development Authority, BARDA）以四億八千三百萬美元的資金，支持莫德納加速 mRNA-1273 疫苗的開發，並在獲得批准後進行大量生產。當天莫德納的股價上漲九％，收在四〇・六美元。五月一日，莫德納和瑞士製藥廠龍沙（Lonza）締結全球性策略聯盟，對外宣布以每年生產十億支新冠疫苗為目標，結果當天股價上漲四・二二％，收盤價為四七・九三美元，相較二月二十一日的低點十七・九一美元，已經上漲了一六八％。

五月十五日，川普正式宣布成立「極速行動」（Operation Warp Speed），加速新冠病毒檢測、治療，以及疫苗的開發、生產和配送。預算金額總計高達近百億美元。極速行動由孟謝・史勞伊（Moncef Slaoui）出任首席顧問，他是疫苗專家，也是前葛蘭素史克（GlaxoSmithKline）全球疫苗發展中心主席。同時，ＣＮＢＣ的記者再一次提到，史勞伊在出任此計畫之前是莫德納公司董事會的一員。這個時候，莫德納不僅是華爾街關心的對象，也是全球資本市場的焦點。

五月十八日，莫德納公布第一階段測試的期中報告，顯示在施打第一劑疫苗後第四十三天（或是施打第二劑疫苗後第二週），四十五名志願者中的八位受測者都產生了抗體，足以抵抗病毒並傳染他人。在安全性上，所有引起的副作用如注射部位局部紅腫也都是暫時性的，可由人體自行復元。莫德納在一早七點三十分公布新聞稿，消息傳出，市場解讀露出一線曙光，華爾街大為振奮，當天三大市場指數全面跳空上漲。莫德納股價一開盤就跳升二〇％，最高到了八十七美元，收在八十美元，相較於年初的低點，已經上漲了三四七％。

五月二十九日，莫德納對第二階段的第一位參與者施打疫苗。七月十四日，莫德納再傳出好消息，第一階段受測的四十五名健康成年人均產生抑制病毒的抗體，進一步確認了五月十五日的期中報告。七月二十六日，在與食藥局和極速行動負責人協商數月後，莫德納決定將第三階段的檢測範圍擴大到三萬人。同時，生物醫學先進研究開發局對莫德納的補助也增加四億七千二百萬美元，連同之前的四億八千三百萬美元，補助金額總計高達九億五千五百萬美元。七月二十七日，mRNA-1273 疫苗第三階段的測試正式啟動。當天，莫德納股價上漲九．二％，股價重回八十美元。

八月五日，莫德納以每劑疫苗三十二到三十七美元的價格，與部分外國政府簽訂了疫苗供應合約。八月十三日，莫德納獲得政府高達十五億三千萬美元的補助，用於供應一億劑的 mRNA-1273 疫苗，但當天股價反而下跌二．四三%，收在六七．八三美元。華爾街對此的解讀是，美國政府補助的金額代表每劑疫苗在美國的定價是十五．三美元，遠低於三十二到三十七美元。但歐本海默公司（Oppenheimer）分析師哈塔伊．辛吉（Hartaj Singh）仍表示看好莫德納，他認為公司疫苗開發處於領先地位且具生產規模，因此給予莫德納「跑贏大盤」評級，目標價為一〇八美元。

十月二十二日，mRNA-1273 疫苗第三階段試驗計畫的三萬名參與者全數測試完畢，如果證明疫苗至少有七〇%的有效性，莫德納將尋求食藥局的緊急授權，將疫苗提供給前線醫療人員等高危群首先使用，並有希望在二〇二〇年底前生產兩千萬劑試驗性的新冠病毒疫苗，同時維持在二〇二一年生產五至十億劑疫苗的目標。

十月二十六日，莫德納與卡達（Qatar）政府簽訂 mRNA-1273 疫苗的供應合約。同一天，日本武田藥品工業株式會社（Takeda Pharmaceutical Company Limited）同意在二〇二一年上半年向莫德納購買五千萬劑疫苗，但當天公司股價微跌，徘徊在七十美元附近。十月二十九日，執行長斯帝凡．班塞爾（Stephane Bancel）在法說會上表示，他相信二〇二一年將是莫德納公司歷史上最重要的轉折年度，高盛證券也在最近的研究報告中，將莫德納的目標股價提高到一〇八美元。從年初的價格算起，股價增長將超過四六〇%。

雖然上述的所有進展都無法保證莫德納能夠順利抵達疫苗開發的終點線，但是自人類有歷史以來，還沒有一種疫苗以如此快的速度開發。若以疫情初期就收到資金支持來作為是否具有投資價值的標準來看，小型生技公司的代表除了莫德納以外，還有伊諾維奧製藥公司（Inovio Pharmaceuticals，股票代號：ＩＮＯ）和諾瓦瓦克斯醫藥公司（Novavax，股票代號：ＮＶＡＸ）。由於疫苗的發展牽動著整個資本市場的神經，也關係著經濟可以恢復正常運作的時間，因此在疫苗開發上有進展的生技公司，也不斷引起華爾街的關注。

二、過度訊息揭露的躁進者──伊諾維奧製藥公司

當莫德納在一月獲得傳染病預防創新聯盟支持的同時，伊諾維奧製藥公司也在一月二十三日獲該聯盟九百萬美元的挹注，用於新冠病毒疫苗的開發。其對外宣稱，當他們取得中國所公布的新冠病毒基因序列後三小時，就完成疫苗的設計，取名為INO-4800疫苗。

強大的做空機構

但接下來，伊諾維奧就像坐雲宵飛車一樣，隨著公司訊息揭露、市場空頭的力量和分析師的影響力，股價上下大幅振盪。一方面顯示了華爾街對疫苗的渴望，一方面又說明了資本恐懼虧損的特性。

二月十四日，伊諾維奧的執行長約瑟夫・金（Joseph Kim）在接受福斯新聞頻道（Fox News）專訪時表示，伊諾維奧已經開發出能夠對抗新冠病毒的疫苗。兩週後，在三月二日一場與川普的會議中，約瑟夫・金重申伊諾維奧已開發出新冠病毒疫苗的聲明。對於這樣的說法，投資人給予高度肯定。接下來幾天，伊諾維奧的股價從每股四・二八美元暴漲至三月九日最高的十九・三六美元，漲幅超過三五〇%。

但也就在三月九日當天，著名的做空機構香櫞研究公司（Citron Research）負責人安德魯・萊夫特（Andrew Left）公開質疑伊諾維奧的說法，指該公司為了促銷公司股票，從未真正成功開發出藥物或疫苗。此話一出，伊諾維奧股價立刻從高點跳水式下跌三〇・二%，收在九・八三美元。接下來幾天，股價繼續下滑至三月十六日的低點六・一三美元。與三月九日的高點相比，股價下跌了近七成。到了四月，伊諾維奧遭投資人提起一連串投資損失的集體訴訟。

雲霄飛車般股價

雖然伊諾維奧有訊息過度揭露的可能，但於此同時的疫苗開發也有進展。三月十二日，伊諾維奧收到比爾及梅琳達．蓋茲基金會五百萬美元的資金，支持開放伊諾維奧的INO-4800新冠病毒疫苗，尤其是加速測試並量產注射裝置。四月六日，INO-4800疫苗在食藥局的許可下進入第一階段測試。四月十六日，獲得傳染病預防創新聯盟六百九十萬美元的資金，消息一傳出，伊諾維奧的股價上漲一〇．五%，收在七．八九美元。五月二十日，伊諾維奧在《自然通訊》（*Nature Communications*）期刊上發表文章，指出INO-4800疫苗在實驗室的動物實驗中，對新冠病毒產生免疫反應。當天公司股價上漲八．四五%，收在十五．七九美元，相較於四月十六日的收盤價，股價已上漲一倍。

六月二十三日，伊諾維奧宣布獲得美國國防部七千一百萬美元的資助，用以生產新冠疫苗的注射裝置。消息傳來，市場解讀為國防部肯定了伊諾維奧疫苗開發的進展成果，結果當天股價大漲四〇%，收在二一．五七美元。隨後幾天，華爾街分析師紛紛上調伊諾維奧的目標價，接下來三個交易日，公司股價持續上漲，最高來到六月二十六日的三三．七九美元。與年初的低點相比，伊諾維奧的股價已經上漲整整超過十倍，達到一〇四五%。

就在股價於六月二十六日創下二十年新高之後，有分析師認為，新冠病毒疫苗效應已經充分反應在公司股價上，以至於伊諾維奧在六月三十日對外發表訊息，指出有九四%的第一階段試驗參與者在注射第二劑後第六週表現出免疫反應，當天價格反而下跌十四・九六%。七月一日，伊諾維奧與注射儀器生產廠商發生法律糾紛，雙方互提訴訟，投資人對伊諾維奧大量生產疫苗的能力產生懷疑，於是當天股價跳空大跌，收盤時下跌了二六・七九%，收在十九・七三美元。伊諾維奧身為初期疫苗開發的領跑者之一，到了七月卻開始顯得力不從心。同期間，大型製藥廠受到政府大量資金的支持，投資人開始偏向可信度更高的大型製藥廠。

八月十一日，就在伊諾維奧第二季業績說明會之後，分析師認為許多問題沒有得到答案，甚至有分析師撤回了之前對價格的預估，結果當天股價又下跌了二三・〇一%，收在十四・六二美元，已經低於三月初的高點，不過仍較年初股價的低點上漲了三九六%。到了九月二十八日，食藥局意外暫停了伊諾維奧部分處於第二至第三階段的疫苗試驗。雖然這個決定並不是因為疫苗發生不良事件，而是這項研究有其他問題需要該公司提出答覆，然而股市一聞訊，股價盤前一度大跌四一%，收在十二・六二美元。伊諾維奧於十月份答覆了食藥局的問題，而在食藥局尚未回覆之前，股價徘徊在十到十三美元之間。

伊諾維奧的股價像雲霄飛車般上下震盪，與一般規模小、沒有獲利的生技公司其實沒有兩樣。不同的是，新冠病毒的影響涵蓋全球，市場潛力巨大，而伊諾維奧過度揭露訊息的方式引來做空機構和維權律師的圍剿，華爾街逐利的資金對疫苗的期望甚高，相對的失望也是十分巨大，結果就是公司股價驚人的振幅。但伊諾維奧的疫苗還沒有出局，股價仍和開發的進度和成功概率相關。

三、一飛沖天的受益者——諾瓦瓦克斯醫藥公司

雖說伊諾維奧二〇二〇年的股價波動劇烈，最高曾上漲十倍之多，但要說股價表現最精彩的，應該非極速行動計畫的另一家疫苗公司、也就是股價漲幅最高曾達五十倍的諾瓦瓦克斯醫藥公司末屬。

二〇二〇年七月七日，極速行動計畫提供十六億美元的資金給諾瓦瓦克斯醫藥公司，用在新冠病毒疫苗的測試和製造，目標是二〇二一年一月為美國提供一億劑疫苗。這也是白宮當時推動新冠疫苗的項目上最大的一筆投資。諾瓦瓦克斯執行長史丹利・爾克（Stanley Erck）對路透社說：「極速行動計畫的支持是用來支付一億劑疫苗的生產費用，這些產品將從今年第四季開始交付，可能在明年一或二月完成。」當天，諾瓦瓦克斯的股價跳空上漲三一・六二％，收在一〇四・五六美元。接下來一個月，諾瓦瓦克斯的股價一路高歌猛進，上漲到八月五日的一八九・四美元。從年初股價的低點三・六

五美元來看，諾瓦瓦克斯的市值已經暴漲了五〇八九％，成為開發新冠疫苗公司當中最大的受益者。

差點下市的公司

但是在二〇一九年，諾瓦瓦克斯曾是一家差點從那斯達克交易所退市的公司。二〇一二年五月，歐洲藥品管理局（European Medicines Agency）通過了一款流行性感冒疫苗第一階段臨床試驗的要求，此款感冒疫苗添加了瑞典伊斯卡諾瓦公司（Isconova）的佐劑，這對當時也在進行感冒疫苗研發的諾瓦瓦克斯是個突破的絕佳機會。二〇一三年六月，諾瓦瓦克斯以三千萬美元等值股票收購尹斯卡諾瓦，以獲得該公司特有的佐劑技術，如此有助於改善和加速疫苗的發展。

到了二〇一五年，諾瓦瓦克斯收到比爾及梅琳達．蓋茲基金會共八千九百萬美元的資助，用於開發呼吸道融合病毒（respiratory syncytial virus, RSV）疫苗。當年三月，諾瓦瓦克斯完成了ＲＳＶ疫苗第二階段測試，結果顯示出該疫苗對於抵抗ＲＳＶ病毒有顯著效果。公司將疫苗命名為RSVVAX，並進入第三階段測試。

但是在二〇一六年九月十六日，諾瓦瓦克斯竟對外宣布，RSVVAX疫苗在一千兩百名成人身上進行的第三階段測試中，只有三九％顯示有效，因未達到食藥局的要求，宣布疫苗失敗。消息傳來當天，公司股價從八・三四美元跌到一・二九美元，下跌了八四・五%。為了尋求契機，諾瓦瓦克斯透過懷孕婦女再次進行 RSVVAX 疫苗的測試。二〇一九年二月二十八日，RSVVAX 疫苗最後測試再度以失敗告終，股價從二・一三美元直接掉落到〇・七一美元，下跌了六六・七%，之後連續三十天低於一美元。那斯達克交易所發出通知，如果股價在一百八十天內沒有改善就要進行下市。諾瓦瓦克斯為了符合最低股價的要求，在二〇一九年五月十日進行了二十股合併為一股的股票合併，逃過下市的命運。

美國和國際社會的新寵

雖然 RSVVAX 疫苗沒有成功，諾瓦瓦克斯並未因此停止開發疫苗。在新冠病毒疫苗的開發上，二〇二〇年一月，諾瓦瓦克斯宣布開發一款名為 NVX-CoV2373 的新冠疫苗。接下來，這款疫苗在四月的臨床前動物測試上得到了令人振奮的結果，動物身上產生了足夠的抗體，能夠有效抑制病毒的感染，初步認為對人體可能產生保護作用。

很快地，就在五月十一日，傳染病預防創新聯盟宣布支持諾瓦瓦克斯三・八八億美元，作為新冠病毒疫苗初期臨床試驗和後期規模量產的資金。這一消息使得諾瓦瓦克斯的股價開高，盤初一度上漲超過七〇%，收盤價為三九・八二美元，漲幅高達六二・五三％。五月二十五日，諾瓦瓦克斯在澳洲墨爾本和布里斯班，為一百三十一名年齡在十八至五十九歲的健康成年人開始第一、二階段的臨床測試。

六月四日，諾瓦瓦克斯又獲得美國國防部七千萬美元的資金支持，其中六千萬用於生產疫苗，一千萬用於二〇二〇年交付一千萬劑疫苗給國防部，股價來到了四八．一七美元。六月十五日，諾瓦瓦克斯以私募方式以每股四五．五七美元從ＲＣ資本管理公司（RC Capital Management）募得兩億美元，進一步提供新冠病毒疫苗的開發資金。華爾街應聲大漲十二．〇七％，當天收盤價為五一．〇七美元，之後股價呈現上漲走勢。

八月四日下午，諾瓦瓦克斯公布第一階段臨床測試，發現人體對NVX-CoV2373疫苗產生良好的耐受度和可靠的安全性。在一百三十一名澳洲健康成年人中，所有受試者都產生抗體，佐劑也誘發了強勁的反應。八月五日，公司股價開盤跳升，最高到了一八九．四美元，二〇二〇年以來上漲超過五十倍。許多華爾街分析師紛紛上調公司目標價到二四〇美元。接下來，諾瓦瓦克斯於八月份開始在澳洲和美國四十個地點進行第二階段測試。

八月七日，諾瓦瓦克斯宣布與世界最大的疫苗製造廠——印度血清研究所（Serum Institute of India Private Limited）達成授權協議，二〇二一年為印度與中低收入國家提供一億劑的疫苗。同一天，日本武田藥品工業株式會社發表聲明，將與諾瓦瓦克斯合作製造並銷售每年兩億五千萬劑的 NVX-CoV2373 疫苗，資金由日本政府提供。諾瓦瓦克斯也對外宣稱，他們有能力在美國、歐洲和亞洲同時生產所需的新冠疫苗，雖然好消息不斷，但股價在創新高之後也遭到投資人獲利了結，當天股價來到一七〇・一一美元。

八月十一日，諾瓦瓦克斯第二季財報表現不如預期，股價連續兩天下跌超過十六%，八月十二日最低已到一一二・五一美元。八月十四日，英國政府向美國訂購九千萬劑疫苗，其中向諾瓦瓦克斯採購的疫苗數量達六千萬劑，並希望最早在二〇二一年第一季供應。當天諾瓦瓦克斯醫藥股價再度上漲九・九三%，收在一四六・五一美元。九月份，大盤向下修正，諾瓦瓦克斯股價也跟著大幅下跌。

九月二十四日，諾瓦瓦克斯宣布在英國啟動第三階段疫苗有效性實驗，預計將在接下來的四到六週，為一萬名十八到八十四歲志願者進行測試。NVX-CoV2373 疫苗的另一個特色是疫苗本身可儲存於攝氏二至八度的環境，以現有標準的疫苗儲存設施即可進行配送。公司表示將繼續擴張疫苗生產產能，預計到二〇二一年中擴充到每年生產二十億劑。諾瓦瓦克斯當天股價上漲一〇・八六%，收在一一三・五六美元。

十月份，在漫長等待第三階段疫苗測試結果的同時，伴隨著美國總統大選的不確定性，諾瓦瓦克斯股價逐步下跌，最低到了八〇・七一美元，股價處於低潮期，但諾瓦瓦克斯的疫苗測試繼續進行中。十月二十七日，諾瓦瓦克斯在英國第三階段疫苗測試從一萬人增加到一萬五千人，並將在十一月底完成志願者的註冊。在美國和墨西哥三萬人的第三階段疫苗測試也在進行。

十一月四日，澳洲政府與諾瓦瓦克斯簽訂採購合約，在第三階段疫苗測試成功，並在澳洲治療物品管理局（Therapeutic Goods Administration）的批准下，購買四千萬劑的NVX-CoV2373疫苗，股價當天上升四・三四％，收在八七・二七美元。至此，諾瓦瓦克斯已經在全球確保了二十億美元的資金，許多分析師對該公司的估值維持在高檔不變。此時的諾瓦瓦克斯，已成為美國和國際社會的新寵。

大型藥廠的疫苗競賽

一、極速計畫最大投資——輝瑞大藥廠與BioNTech

除了領跑速最快的莫德納，同樣以mRNA技術為開發基礎的輝瑞大藥廠（Pfizer，股票代號：ＰＦＥ）和德國生技廠BioNTech（股票代號：ＢＩＯＮ）共同研發的疫苗，在第一、二階測試中也產生了對抗新冠病毒的抗體。二〇二〇年七月二十七日進入了第二、三階段，在美國、阿根廷、巴西和德國招募三萬人志願者進行疫苗的測試。

七月二十九日，川普政府宣布成立極速行動計畫以來的最大一筆投資，將以十九億五千萬美元支持輝瑞大藥廠疫苗的開發，預定於二〇二〇年底之前交付一億劑疫苗，同時美國政府有權將採購量增加到五億劑。當天輝瑞大藥廠的股價來到近期高點的三九．四五美元。雖然輝瑞二〇一九年的營業收入高達五一七億美元，但估計新冠疫苗對淨利潤的貢獻很有限，因此股價從三月的谷底二七．八八美元只上升了三八％。七月三十一日，日本政府向輝瑞預購了一億二千萬劑疫苗，然而當日股價卻下跌了〇．六七％，收在三八．四八美元。

九月十五日，輝瑞和 BioNTech 與歐盟協議提供兩億劑新冠疫苗，其中包括增加一億劑疫苗的選項。輝瑞執行長亞伯特．波拉（Albert Bourla）表示，如果臨床實驗證明成功且監管批准，輝瑞大藥廠預計於二〇二〇年底交付第一批疫苗。而與歐盟的供應協議是輝瑞和 BioNTech 到九月底前最大的疫苗訂單，如果疫苗成功獲得批准，將在二十七個歐盟國家之間分配。儘管出現利多消息，但市場認為輝瑞股價已經過高，因此當天輝瑞股價出現〇．一四％的微幅下跌，收在三六．九六美元。

十月十六日，輝瑞執行長波拉在一封對全世界人民、企業和政府的公開信中，提出了對疫苗的有效性、安全性與生產品質三方面極為關鍵的說明。信中指出，以當時的進度來看，輝瑞在十月底可以得知疫苗的有效性。以食藥局的規定，疫苗公司必須提供半數以上志願者施打最後一劑後兩個月的安全資料，以確保疫苗的安全性。輝瑞預計在十一月第三週到達這個里程碑，在疫苗安全有效的前提下申請食藥局的緊急使用批准，將繼續追蹤並提供志願者兩年的安全資料。最後，輝瑞將提交監管生產疫苗品質與一致性的資料，以進行大量生產。輝瑞大藥廠從創建以來，以近兩百年的高品質標準著稱，信一公開，各方解讀為輝瑞的疫苗測試進度如預期進行，當天股價上漲三．八三%，收在三七．九五美元。

十月底，由於沒有達到疫苗受測者至少須有三十二人感染的要求，輝瑞延後提交食藥局和疾管中心審查疫苗的有效性。但英國政府還是在十月底對輝瑞疫苗啟動了加速審查機制。傳染病專家佛奇博士說：「第一劑安全有效、提供給高危人群使用的新冠疫苗，預計將在二〇二〇年十二月底到二〇二一年一月初問世。」

輝瑞大藥廠是全球疫苗開發的先驅，光是肺炎鏈球菌疫苗就為公司每年帶來超過六十億美元的收入。到了十一月，輝瑞的新冠病毒疫苗依然是最有可能首先獲得食藥局的批準，預計將在二〇二一年為全球生產出十三億劑疫苗。

二、歐洲進展最快疫苗——阿斯特捷利康與牛津大學

另一個快速發展、令人矚目的疫苗，由英國和瑞典合資的阿斯特捷利康製藥公司

（AstraZeneca，股票代號：AZN）與牛津大學（Oxford University）主導開發。其所研發的AZD1222疫苗已經通過第一、二階段的安全性測試，沒有產生嚴重副作用，同時產生了大量抗體。該疫苗已在英國和印度進入第二、三階段測試，並在巴西和南非進入第三階段測試。

五月二十一日，阿斯特捷利康與牛津大學獲得美國政府十二億美元資金，用以生產三億支疫苗。阿斯特捷利康表示，如果疫苗獲得批准，他們將有二十億劑疫苗的產能，而且在政府授權的情況下，可以在二〇二〇年十月就開始生產緊急備用疫苗。消息一出，阿斯特捷利康當天股價上漲二．七九％，收在五五．二八美元。接下來，英國政府在六月宣布，將購買一億劑阿斯特捷利康疫苗；德國、法國、義大利和荷蘭在六月組成「疫苗聯盟」，也與阿斯特捷利康簽署協定，預訂了四億劑疫苗；日本厚生勞動省也在八月與阿斯特捷利康簽署合約，購買該公司至少一億劑的新冠疫苗。八月二十七日，歐盟執委會表示，已代表歐盟國家與阿斯特捷利康簽約，阿斯特捷利康將供應至少三千萬劑新冠疫苗。這是歐盟與具潛力的新冠肺炎疫苗製造商簽署的第一份合約，並附加了額外購買一億劑疫苗的選項。

以AZD1222疫苗的進展，阿斯特捷利康甚至可能趕超莫德納，成為第一個獲批准新冠肺炎疫苗的公司。但事與願違，九月六日，一名志願者出現類似脊髓炎症狀，阿斯特捷利康宣布暫停第三階段測試，頓時股價盤後重挫八％。但暫停疫苗試驗以檢查安全性問題是疫苗開發的標準程序之一，不代表疫苗開發失敗，九月八日股市開盤，阿斯特捷利康股價上漲二．一一％，收在五四．七一美元。

九月十二日，阿斯特捷利康－牛津疫苗的第三階段試驗在英國重啟。九月十六日，阿斯特捷利康－牛津疫苗在印度和巴西也恢復臨床實驗，三個國家共有一萬八千人接受實驗，在美國也召集了三萬名志願者。如果能夠迅速恢復試驗，阿斯特捷利康疫苗依然是歐洲進展最快的疫苗。

十月二十三日，美國食藥局批准阿斯特捷利康在美國重啟疫苗臨床測試。十一月一日，英國藥物及保健產品管理局（Medicines and Healthcare Products Regulatory Agency）以滾動審查（rolling review）方式，加速對阿斯特捷利康疫苗的核准審查。所謂「滾動審查」，就是監管單位以即時的方式接收疫苗臨床測試的資料，並與生產疫苗的廠商隨時保持對話，以加速對疫苗的審批。執行長帕斯卡爾．索西歐（Pascal Soriot）在十一月五日表示，阿斯特捷利康預計在二〇二〇年底公布第三階段疫苗測試的結果，如果獲得監管批准，將在二〇二一年一月開始生產提供疫苗。

由於新冠疫苗只是阿斯特捷利康開發的產品之一，公司股價從一月二日的五〇．三九美元上漲到十一月五日的五五．一六美元，漲幅僅九．五％。

三、擁有單劑疫苗優勢——嬌生公司

嬌生公司（Johnson&Johnson，股票代號：JNJ）不僅是全球最大的醫療保健用品公司，也是全球市值前十名的公司，高達三千九百億美元。二〇二〇年一月，嬌生公司就與哈佛大學貝斯以色列女執事醫療中心（Beth Israel Deaconess Medical Center）研發多種新冠病毒的候選疫苗。

嬌生公司的疫苗在五月份獲得美國政府四億五千六百萬美元的支持，並成功完成在猴子身上的實驗。令人振奮的是，嬌生的科技在二〇二〇年已成功開發出伊波拉病毒疫苗，並在七月一日獲得歐盟核准。七月份，嬌生公司的新冠疫苗開始第一、二階段對人體的安全性測試。八月初，白宮同意，如果疫苗通過批准，將從極速行動計畫中撥款十億美元購買嬌生一億劑疫苗。

九月二十三日，嬌生公司啟動新冠疫苗三階段試驗，估計在二〇二一年三月完成。這是美國除了莫德納、輝瑞大藥廠和阿斯特捷利康以外，第四個進入第三階段測試的疫苗。嬌生公司招募六萬名志願者，進行全球最大規模的新冠疫苗試驗。但嬌生表示，該公司並不打算在疫情期間從疫苗中獲利，而將以成本價出售疫苗。當天，嬌生公司股價僅上漲〇．一六％，收在一四四．四四美元，與三月二十三日低點的一一一．一四美元相比，股價只回升了三〇％。

十月十三日，因為一名參與者出現不明疾病，嬌生公司暫停第三階段疫苗測試。很快地，就在食藥局批准阿斯特捷利康疫苗重啟臨床測試的同一天，嬌生公司也在十月二十三日恢復第三階段疫苗測試。當天股價微幅上漲〇．一一％，收在一四五．二四美元。十一月二日，非洲最大的製藥廠阿斯潘製藥公司（Aspen Pharmacare）同意為嬌生公司在非洲生產疫苗，阿斯潘製藥具有一年產生三億劑疫苗的產能。

與其他公司的疫苗需要注射兩劑相比，嬌生公司的疫苗特色在於僅需施打一劑。單劑疫苗除了可以快速而廣泛地實行注射、迅速控制疫情，還可以大量降低疫苗施打的成本。同時，嬌生的疫苗不像輝瑞的需要儲存在零下二十到零下七十度的低溫，正常冷藏溫度下即可保存，有利於全球的生產與配送，而這使得嬌生的疫苗具有相對的優勢。傳染病專家佛奇博士說：「在新冠病毒被確認後八個月內，美國就有四種疫苗正在進行第三階段臨床實驗，這是科學界前所未有的壯舉。」嬌生預計將擴大美國和全球生產基地的疫苗產能，在二〇二一年為全球生產至少十億劑的新冠疫苗。

疫苗股的投資風險

在眾多疫苗開發公司中，如果從營收來看，很明顯分為大小生技製藥公司兩個陣營，從表6-1可看出前面介紹過的幾家生技疫苗股的財務數字。大公司的開發速度雖然非常快，但因為公司規模也大，股價因此而上漲的幅度很有限。由於全球疫苗需求量十分龐大，對小型生技公司來說，新冠疫苗帶來的效應極大，每當有開發藥物正面進展的消息，股價就應聲大漲，甚至可達數倍，但如果後續發展不佳，也會跌回原形。

像莫德納這樣營收不高的小型股，二〇一九年的收入也只有六千萬美元，而且從創立以來，從來沒有一個產品發展成功。但此刻面臨的機會是百年一次的人類大疫情，又是開發疫苗的領頭羊，如果疫苗開發成功，只要每劑疫苗少量獲利，股價一飛沖天是必然的結果。

其他小型生技公司像諾瓦瓦克斯和伊諾維奧，有的在起跑時立刻獲得政府機關大力支持，有的後來居上，獲得媲美大型藥廠的待遇，收到政府巨額的資金奧援。這樣的機遇不僅僅代表轉虧為盈，而且是重大利多，股價不知道要上漲多少倍。不過如果疫苗在任何階段測試失敗，股價暴跌也在預期之中。由此可見，投資疫苗股的獲利和風險都是巨大的，投資人必須非常謹慎（參表6-2）。

表 6-1　生技疫苗股財務數字

公司	輝瑞（PFY）	阿斯特捷利康（AZN）	嬌生（JNJ）	莫德納（MRNA）	伊諾維奧（INO）	諾瓦瓦克斯（NVAX）
營業收入（億美元）	517.50	243.84	820.59	0.60	0.04	0.19
營業利潤	212.60	29.24	200.80	(5.46)	(1.11)	(1.21)
淨利潤	163.02	12.27	151.19	(5.14)	(1.21)	1.33
利潤率						
營業利潤率	41.1%	12.0%	24.5%	-907.0%	-2775.0%	-648.4%
淨利潤率	31.5%	5.0%	18.4%	-853.8%	-3025.0%	712.8%
每股收益	2.92	1.03	5.72	(1.55)	(1.21)	(5.51)
資本結構						
總負債	1,040.42	462.71	982.57	4.15	1.39	5.48
股東權益	634.47	136.58	594.71	11.75	0.05	3.84
總資產	1,674.89	599.29	1,577.28	15.90	1.44	9.32
總負債／總資產	62%	77%	62%	26%	96%	59%
現金流						
經營活動產生的現金流	66.88	11.79	68.10	(4.59)	(0.53)	0.93
投資活動產生的現金流	(130.82)	1.57	(81.03)	(0.15)	(0.94)	(2.46)
籌資活動產生的現金流	68.89	(12.54)	(48.38)	0.51	3.40	6.03
現金及約當現金增加（減少）額	4.95	0.82	(61.31)	(4.23)	1.93	4.50
期初現金餘額	13.50	52.23	173.05	6.70	0.22	0.82
期末現金餘額	18.45	53.05	111.74	2.47	2.15	5.31

資料來源：作者整理

表 6-2　生技疫苗股 2020 年股價觀察

公司	輝瑞	阿斯特捷利康	嬌生	莫德納	伊諾維奧	諾瓦瓦克斯
2020 年股價低點	27.88	36.15	109.16	17.68	2.95	3.65
2020 年股價高點	39.45	64.94	157.00	95.21	33.79	189.40
漲幅	41.5%	79.6%	43.8%	438.5%	1045.4%	5089.0%
2020 年11月5日股價	36.39	55.16	139.76	71.48	10.80	93.11
漲幅	30.5%	52.6%	28.0%	304.3%	266.1%	2451.0%

資料來源：作者整理

俄羅斯疫苗的衝擊

二〇二〇年八月十一日，俄羅斯總統普丁（Vladimir Putin）對外宣布，俄羅斯已經在加馬利亞流行病學和微生物學研究院（Gamaleya Research Institute）和國防部的合作下，成功開發全球第一個新冠疫苗，並在國內獲批准使用，他的一個女兒也注射了疫苗，除了初期輕微發燒，情況一切良好，俄羅斯宣稱自己在全球新冠病毒疫苗競賽中取得了勝利。

儘管沒有公布任何數據，俄羅斯的疫苗還是影響了華爾街的情緒，所有疫苗股應聲下跌。當天，伊諾維奧股價跳空下跌二三．〇一％，諾瓦瓦克斯也下跌近十七％，領跑的莫德納、阿斯特捷利康、輝瑞、嬌生的股價下跌較輕微，分別是四．二二％、〇．三六％、一．五六％和〇．七二％。雖然俄羅斯的疫苗還無法成為世界主流，但似乎預告著市場在美國疫苗真正問世時可能發生的變化，華爾街也繃緊神經，觀察投資人會如何反應。同一天，郵輪、旅遊、酒店、租車、金融等受到疫情嚴重影響的行業，股價多數紛紛反彈。而之前帶領三大市場指數脫離熊市的科技網路股則拉回整理，蘋果、亞馬遜、臉書、網飛下跌超過了二％。

八月十二日，俄羅斯直接投資基金（Russian Direct Investment Fund, RDIF）執行長基里爾．德米崔耶夫（Kirill Dmitriev）在接受CNN的專訪中說到，俄羅斯的法律規定，在重大流行病面前，俄羅斯疫苗可以在進行第三階段測試的同時，為高危險人群如前第一線醫療人員進行施打。德米崔耶夫表示，俄羅斯的這款疫苗將於八、九月在俄羅斯施打，並於十一月提供疫苗給其他國家。俄羅斯也宣稱，他們已收到來自巴西、印度、印尼、越南等二十幾個國家的訂單，將為全球生產十億劑疫苗。

但是有疫苗和證明疫苗的安全性和有效性是兩件事，如果沒有第三階段測試，都無法得到保障疫苗的安全性和有效性。隨著俄羅斯不符合國際慣例的做法逐漸揭曉，其疫苗對市場的衝擊力逐漸減少。佛奇博士在九月底的國會聽證會上作證表示，美國預計可在二〇二〇年十一或十二月之前，看到新冠病毒候選疫苗第三階段臨床實驗數據，說明疫苗是否安全有效。

疫苗的核准

因疫情影響的華爾街能由熊市轉牛市，主要依託在聯準會的量化寬鬆政策，聯準會提供的資金支援，避免了資本市場因資金緊縮造成的倒閉潮，但經濟要回到正軌，美國人民的消費需求要完全釋放出來，還是得仰賴疫苗，讓大家對公共衛生無慮。因此只要有疫苗消息釋出，市場還是隨之振盪，CNBC一整天的股市新聞不停地重覆報導。

就在市場憂心忡忡的關頭，早在六月底，傑佛瑞集團分析師傑瑞德．賀茲（Jared Holz）就對疫苗股發表一篇重量級的大膽預測。報告中指出，食藥局可能在美國總統大選前核准至少一款疫苗。傑佛瑞集團被認為是一家高素質的公司，在生技研究上部署重兵，擁有高達九名研究員，其與全世界百餘家生技製藥相關公司都有接觸，涵蓋範圍也包括這次疫苗開發的廠商。多年的業界經驗與人脈，加上廣泛研究和深入分析，讓傑佛瑞的這份報告備受投資人關注。

雖然賀茲的預言後來沒有成真，不過在八月二十七日，疾控中心主任雷德菲爾德寫給各州州長的信件中提到，要各州的衛生機構在十一月一日前做好疫苗施打的準備。八月三十日，食藥局局長史蒂芬．哈恩（Stephen Hahn）在接受《金融時報》（*Financial Times*）採訪時表示，他願意考慮在第三階段測試完成之前，以快速通關方式批准疫苗作為第一線高危險群之用。當時，疫苗的批准被貼上政治化的標籤。

但疫苗是施打在健康者身上，並沒有強制性。如果疫苗的批准被政治化，只會降低民眾對疫苗的信心，健康的民眾反而有可能拒絕接受疫苗注射。

九月八日，為了平息大眾對疫苗批准可能受政治影響的疑慮，全球九大醫藥廠商⑱的執行長共同簽署了安全承諾，宣誓將以「崇高的道德標準和完善的科學原則」發展並測試疫苗，在疫苗第三階段測試的有效性和安全性沒有確認之前，不尋求監管當局的批准。但民眾信心一時尚未恢復，標普五百指數當天反而下跌二．七八％，收在三三三一點。九月十七日，根據皮尤研究（Pew Research Center）在四月底到五月初以及九月初對一〇〇九三名美國成年人所做的兩次調查，受訪者當中有意接受施打疫苗的比例，已從五月的七二％下降到九月的五一％。

有鑒於對疫苗的迫切需要，加速疫苗的上市使用，食藥局曾經宣布，將以疫苗能夠達到百分之五十的有效性，同時能抑制新冠病毒症狀的嚴重性，作為審核疫苗通過的最低標準。九月二十三日，為了恢復民眾對疫苗的信心，針對緊急啟用疫苗的核准條件，

---

⑱九家藥廠包括阿斯特捷利康，BioNTech、葛蘭素史克，嬌生，默克（Merck），莫德納、諾瓦瓦克斯、輝瑞和賽諾菲（Sanofi）。

食藥局公布更透明和嚴格的指引，比如疫苗公司必須在最後一次注射疫苗兩個月後再申請緊急使用許可等，但此時的市場跌跌不休。

三大指數在九月二日達到近期高點之後，投資人明顯過熱的情緒冷卻，科技股大幅回調，許多公司的營收及獲利都甚至在達到華爾街預期的情況下依然下跌。到了九月二十四日，那斯達克指數從九月二日高點下跌了十一%，標普五百指數與道瓊工業指數也調整了九%和八%。十月初，急著重新攻堅的投資人熱情不減，指數再度回升。但令人意想不到的是，進入第四季，美國多州進入流感好發的冬季，新冠病毒捲土重來，確診病例在十月持續升高，甚至在十月底刷新紀錄，單日確診病例超過十一萬人。許多之前未高度感染的州紛紛淪陷。歐洲的情況也不容樂觀，義大利、英國和希臘紛紛重啟封城，三大指數在十月中全數往下探底，抹去十月份收復的點數。加上美國總統大選前的不確性，十月底三大指數跌回接近九月二十四日的低點水平（參表6-3）。

大選後的經濟願景

隨著美國總統大選日期進入倒數，選前民主黨拜登（Joe Biden）和共和黨川普的民調差距拉大，華爾街也提前開始布局。市場於十一月的第一個交易日，也就是十一月二日，連續上漲四天，華爾街提前押注了拜登的勝選。十一月三日，美國總統大選，民主黨的拜登和共和黨的川普開票戰況膠著。拜登於美國時間十一月七日週六中午拿下賓州，選舉人票超過兩百七十張的門檻，拜登陣營宣告當選第四十六任美國總統。

十一月九日週一，總統大選開票後的第一個交易日，盤前傳來更好的消息。輝瑞大藥廠對外宣布，其與BioNTech共同開發的新冠疫苗具有超過九〇%的有效性。消息傳出，盤前三大指數瞬間大漲（參表6-3）。受疫情影響嚴重的戲院、郵輪、賭場、航空、旅遊、酒店股紛紛暴漲，大量受惠於疫情的科技股則呈現兩位數字百分比的下跌。

挪威郵輪和凱撒娛樂當天分別上漲二六・八%和一〇・九%，收盤價為二一・五一美元與六三・〇八美元。對我來說，分別代表了八四・三%和一九六・〇%的未實現收益，我的投資達到第一個里程碑。等挪威郵輪公司的預期營運提升到疫情前的水平，凱撒娛樂合併後的綜效發揮，兩家公司的估值預計將更上一層樓。

根據大選前的政見，拜登主張將資本利得稅的最高稅率從二三・八%提高到有史以來最高的三九・六%，造成市場頗多疑慮。美國在一九八六和二〇一二年都曾提高資本利得稅，在稅率生效前幾個月直接造成短期的賣壓。但經過多年演變，美國的資本市場結構已經發生變化，個人投資者占美國股市的比例從一九六〇年代的八四%，已經下降到二〇%左右，而拜登的增稅只針對獲利在一百萬美元以上的個人投資者，對股市的影

表 6-3　2020 年三大指數表現與全美確診病例比較（9 月到 11 月初）

市場指數／確診病例	道瓊工業指數	標普 500 指數	那斯達克指數	單日確診病例	累計確診病例
2020 年高點	29,568	3,393	9,838		
2020 年 3 月 23 日低點	18,213	2,191	6,631	10,934	31,573
從 2020 年高點跌幅	- 38.4%	- 35.4%	- 32.6%		
2020 年 9 月 2 日	29,100	3,580	12,056	39,711	6,087,403
從 3 月 23 日低點漲幅	59.8%	63.4%	81.8%		
2020 年 9 月 24 日低點	26,537	3,209	10,520	42,340	6,958,632
從 3 月 23 日低點漲幅	45.7%	46.5%	58.6%		
2020 年 10 月 30 日低點	26,143	3,233	10,822	99,750	9,024,298
從 3 月 23 日低點漲幅	43.5%	47.6%	63.2%		
2020 年 11 月 9 日	29,157	3,550	11,173	122,910	10,036,463
從 3 月 23 日低點漲幅	60.1%	62.0%	76.6%		

資料來源：作者整理

響其實有限。而且從過去的經驗看，加稅對股市的長期效應取決於其他總體經濟因素，未必是負面影響。

著名信評機構穆迪（Moody's）的首席經濟學家馬克・贊迪（Mark Zandi）分析總統大選結果和參眾兩議院多數黨在選後的結構，認為拜登當選和民主黨掌控兩議院多數會是對美國經濟最佳的組合。贊迪認為拜登雖然會對公司和富人增稅，但也會加強基礎建設、醫療保健和教育制度。同時，民主黨政府將以不同的方式處理中美關係，緩和緊張局勢。最後，民主黨將放寬移民限制，有助於提高美國的創新和長期生產力，預計未來四年的總統任期會增加七百四十萬的就業人口，並在二〇二一年下半年恢復完全就業。而更多的華爾街基金經理人表示，市場還是處於牛市，如果財政部的刺激計畫通過，經濟逐漸回穩，將進一步帶動大盤。

第七章

巴菲特底層的投資思維

在二〇二〇年的投資過程中，
無論個股篩選或買進決定，
我都高度應用了股神巴菲特的投資思維與技巧。
如今看來，巴菲特的價值投資策略在正確的軌道上運行，
對我來說，只要關心公司的發展，不需要關注股價的變化，
反而是一種更安全且可能增值更大的投資。

在我於二〇二〇年投資挪威郵輪和厄爾德瓦多／凱撒娛樂的過程中，無論個股篩選或買進決定，都高度應用了股神巴菲特的投資思維與技巧，其中一個重要關鍵是三月份大盤觸底時，應該選擇科技股或是受到疫情重挫的個股。三月二十三日之後，那斯達克指數漲幅超過了標普五百指數和道瓊工業指數。網路公司賽富時（Salesforce，股票代號：CRM）甚至在八月三十一日取代了埃克森美孚石油（ExxonMobil，股票代號：XOM），成為道瓊工業指數的成分股。科技股的漲勢凶猛，從三月以來已攀升超過一倍。然而就在三、四月時，我選擇了停駛的郵輪和停業的賭場，主要是受到巴菲特價值投資理念的影響。

事後看來，那斯達克指數從三月二十三日谷底的六三六〇點，一路上漲了將近九〇%，於九月二日創下新高的一二〇七四點。在華爾街擔心科技股過熱的氛圍下，那斯達克指數在九月份回調，各類科技股下跌幅度各有不同，對其估值產生了多空分歧的看法。在新冠肺炎疫情引發的熊市中，科技股不但是帶領指數回升的主要板塊，有些科技股本身因受益於數位經濟，甚至成為資金的避風港，造成短期超漲現象。正因為這種特殊現象，華爾街的分析師開始覺得，一旦獲得疫苗使得疫情受到控制，那些低估值的板塊勢必會吸引投資資金湧入，成為華爾街的新焦點。

我當初捨科技股而就受疫情影響嚴重的賭場娛樂股和郵輪股，就是為公司的估值尋求一條較長的上升跑道，而當時市場的恐慌帶來股價的過度反應，也產生了巴菲特所說的巨大安全邊際。從九月底的狀況來看，凱撒娛樂的上漲幅度超過一五〇％，不但超過絕大部分的科技股，而且在未來十二個月還有上漲空間。至於挪威郵輪，股價在停航的情況下也上漲了八〇％左右，只要復航了，估值繼續上升將是必然。投資初期，我預估兩家公司的回報率可能在二〇〇到三〇〇％。如今看來，巴菲特的價值投資策略在正確的軌道上運行，對我來說，只要關心公司的發展，不需要關注股價的變化，反而是一種更安全且可能增值更大的投資。

最佳投資標的與可持續的高資本收益率

從我深入研究巴菲特的投資理念以來，發現除了前面提過的「能力圈」、「長期競爭優勢」、「誠實能幹的管理層」和「以買公司的思維買個股」等投資原則外，巴菲特認為什麼樣的公司是最好的投資標的，可能徹底改變投資人的想法，值得細細品味，作為投資的參考。接下來，我就進一步以巴菲特實際的投資案例，一窺其底層投資思維的堂奧。

時思糖果

時思糖果（See's Candies）所在的盒裝巧克力行業在美國一點也不讓人覺得興奮，不但人均消費不高，行業也沒有什麼增長。許多重要的品牌都消失了。其營收雖然集中在幾個州，但是公司獲利占了整個行業將近一半。一九七二年，當波克夏以兩千五百萬美元買下時思糖果時，當年時思糖果的年銷售量將近七千三百噸糖果。到了二〇〇七年的年銷售量增加到一萬四千噸糖果，代表了在這三十五年間，平均每年的銷售量增長率僅二%。

當巴菲特購入時思糖果時，該公司的年收入為三千萬美元，稅前利潤略低於五百萬美元。除了季節性的借貸，時思糖果當時所需的營運資金僅八百萬美元。也就是說，從資金投入角度來看，投入營運資本的稅前收益率約為六二．五%（5,000,000÷8,000,000×100%＝62.5%）。該公司的營運資金需求極低，一方面因為銷售以現金為主，另一方面是從生產到銷售的周期很短，降低了存貨資金的需求。時思糖果二〇〇七年的銷售金額是三．八三億美元，稅前利潤是八千二百萬美元，所需投入的營運資金是四千萬美元。這代表從一九七二到二〇〇七年這三十五年間，時思糖果只額外投入了三千二百萬美元去維持平均每年二%的業務增長。但同一時間內，卻產生了十三億五千萬美元的稅前利潤，投入營運資金的資本報酬率為三二七五%，其中除了額外投入的三千二百萬美元，所有利潤都回到巴菲特的波克夏公司。付完所得稅後，他把這些利潤再拿去投資其他吸引人的事業。

巴菲特表示，在美國沒有幾家公司能像時思糖果一樣，一家美國企業獲利要從五百萬美元增加到八千二百萬美元，可能需要投入約四億美元於流動資產和固定資產。一個公司如果用四億美元資金就能獲得一年八千二百萬美元的利潤，可是一點也不差，但因為資本投入的增加，資本收益率也就不會像投資時思糖果時這麼高。難怪巴菲特把時思糖果稱為他的「夢幻企業」（dream business），因為他認為，如果公司能夠有持續成長的利潤卻僅需少量的資本投入，是再最好不過的投資了。

由此可發現，巴菲特認為最好的投資標的，就是公司能有「可持續的高資本收益率」。公司要有長期可持續的高資本收益率，就必須有持續的競爭優勢以創造高利潤率，同時以較少的資本投入來提高資本收益率，最後將額外產生的資金重複投資於類似的企業。如果資金是投資在公司本身，也要確保公司的投資能持續產生高資本效益。這個基本的投資思維，結合了高獲利、低投入以及高超的投資能力，形成一個不斷循環的財富製造機器。

巴菲特在二〇〇七年致全體股東的年度報告中提到：「我們希望買整個公司，或者如果管理層是我們的夥伴，至少買下八〇%的股份。」這段話沒說出來的部分是，公司獲利高但成長低沒關係，因為透過控股將股利返還母公司，巴菲特相信以自己的投資能力，重複投資於具有長期可持續競爭優勢的公司，能為波克夏帶來良好的投資回報。

雖然絕大多數的投資人都不是以控股形式投資公司，無法將股利再投資，但巴菲特也說，做不到控股時，買入偉大公司的股票同樣令人高興。足見巴菲特肯定要衡量這些所謂的偉大公司，如何運用投資盈餘加上從營運上產生現金的能力，不論是將其用於資本支出、償還借款、股票回購或支付股利，公司如何有效運用現金、持續產生價值，是評估一家公司未來發展不可或缺的思考角度。寫到此，不得不提到巴菲特近年最為人稱道的投資案例——蘋果公司。

蘋果公司

巴菲特在二〇一六到一八年間花了三六六億美元買進蘋果公司股票，到二〇二〇年八月持有該公司股份五．七%，是蘋果的第二大股東。在新冠肺炎疫情期間，蘋果公司的股價從三月二十三日除權前的二一二．六一美元，上漲到九月二日的五五一．八四美元，漲幅超過一三五%，巴菲特成了最大受益者之一。

從波克夏在證券交易委員會公告的資料來看，巴菲特在二〇一六年第一次以約十億美元購入九百八十萬股的蘋果股票，直到二〇一八年底，波克夏擁有蘋果公司二・五五三億股。之後巴菲特賣出部分持股，到二〇二〇年六月將持股降低至約二・四五二億股，平均價格為每股一四九・二六美元，持股成本為三六六億美元。

以蘋果公司這幾年的業績表現來看，淨利潤率仍維持在二一％以上，然而其收入已經不像以往那樣高速增長。蘋果每年發放超過一百億美元的現金股利，股息收益率低於一％，並不吸引人。但巴菲特認為，蘋果更像時思糖果，為什麼？

蘋果和時思糖果一樣，已成為不可或缺的品牌，產品廣受消費者喜愛，甚至成為生活必需品。從二〇一五到一九年間，營收在二一五六億到二六五六億美元之間，不算大幅成長，甚至比巴菲特二〇一六年買進時的營收還下降了八％，但獲利依舊良好，財務狀況也很好。近幾年來，每年從營業活動產生的現金流都在六、七百億美元左右，而資本支出僅在一百億到一百三十億美元，產生大量餘裕的現金。在可預見的未來，蘋果因為獲利良好而產生強勁現金流的情況將持續進行，這一點和時思糖果高度相似。

不同的是，時思糖果產生的現金回流到巴菲特的波克夏公司，而蘋果公司這兩年從營運產生的現金則幾乎用於增加庫藏股。在二〇一八、一九年間，蘋果分別動用了七二七億和六六九億美元回購自家公司股票，直接影響的結果就是股票價格大漲。二〇二〇年新冠肺炎疫情爆發，美國許多州封城的結果卻加速了數位經濟的發展，蘋果的一系列產品被認為是促使數位經濟加速發生的不可或缺工具，成為許多美國人生活必要的助手。到了八月底，蘋果市值突破兩兆美元，股價突破五百美元大關，依此計算，巴菲特的持股價值將成長到一二二六億美元，超過波克夏公司投資組合的五〇％。

以巴菲特持股成本三六六億美元計算，波克夏的未實現收益高達八百六十億美元，這將是美國上市公司有史以來最大一筆股票未實現收益。如果往回看，巴菲特買進蘋果的時間點和價格並沒有特別之處，甚至當時還有分析師憂慮蘋果的成長可能有點遲緩。但事後證明，巴菲特花了三十五年從可口可樂賺了一八七億美元，花不到兩年時間就從蘋果獲利了八六〇億美元，可說是巴菲特投資生涯中的精彩之作。

投資蘋果公司並不是沒有風險，而該公司未來的營運風險就在於能否成功地從提供服務方面增加收入，並進一步推出革命性的新產品等。

和所有公司一樣，蘋果的未來充滿不確定性，但以我多年服務於一流美系銀行的觀察，一流公司更容易吸引一流的人才、產生一流的創意，並達成令人滿意的結果。未來固然充滿挑戰，但把資金交給一流的公司，風險相對較低也比可能產生令人滿意的結果，這也是巴菲特能安心持股的原因之一。而就像時思糖果把盈餘返還給波克夏、讓巴菲特再投資一樣，未來投資人也要檢視蘋果如何運用每年產生的龐大現金，為投資人創造可持續的高資本收益率。

巴菲特願意付的價格

在我所接觸的許多投資人當中，價格似乎是一般人最關心的因素，常常聽到的問題是：現在的價格可以買嗎？重視價格不是不好，這在投資上本來就是個戰術型的重要考量因素，投資學裡也說過「低買高賣」，但問題在於投資信心的來源若是建立在價格上，那麼投資信心也容易在多次價格回檔時受到摧毀。過分執著於短期價格的結果，往往容易忽略公司長期的價值。

巴菲特在一次接受CNBC記者麗茲．卡拉曼（Liz Claman）的專訪中被問到：「當你買一家公司的時候，你看的是什麼？」他不假思索地快速：「我從我能看懂的公司開始……只要有一些在我的能力圈裡能看懂的公司就可以……我尋找可持續的競爭優勢、誠實而能幹的管理層，以及有我願意付的價格。」

巴菲特以價值投資聞名，簡單來說，願意付的價格就是指要低於公司的內在價值（intrinsic value），價格夠低就產生良好的「安全邊際」。但公司內在價值的衡量並非完全的科學，也包含許多主觀判斷。巴菲特認為，價格是一個詭異的東西。如果你投資了一家好公司，即使多付了一些價格，只要待得夠久，還是會得到好結果。但如果你待在一家糟糕的公司，即使買入價格較低，長期下來的結果還是糟糕的。

我們從之前的例子中知道，巴菲特所謂的價格是公司的估值，而不是市價。以蓋可保險公司為例，這家公司曾被巴菲特譽為所有保險公司中擁有最寬廣護城河的公司。一九五一年十二月六日，《商業金融紀事報》（*The Commercial and Financial Chronicle*）刊登了巴菲特發表的一篇文章，名為〈我最喜歡的股票〉（The Security I Like Best），文中提到蓋可當時超過前一年獲利的估值達八倍，但未反應出公司巨大的成長潛力。從事後看，蓋可的市值從一九四八到五八年增加了五十倍，足以證明當時年僅二十歲的巴菲特投資嗅覺靈敏。不過其後的時間裡，巴菲特沒再提起蓋可。

到了一九七五年，由於一連串的過度擴張、不良的風險管理，加上聯邦政府對價格的管制，蓋可出現三十六年來首次的虧損，金額達一．二六五億美元。當時的執行長約翰．拜恩（John Byrne）採取了一系列重整的措施，包括裁掉三千名員工、退出部分對保險公司法令要求嚴苛的市場，以及提高價格達百分之四十等，但都沒辦法改善虧損狀況。最後為了避免破產，拜恩只能說服四十五家保險公司入資，同年並發行了七千五百萬美元的可轉換優先股。巴菲特當時也在入資行列，他以每股二美元的價格投資了四百一十萬美元的普通股，並購入一千九百四十萬的可轉換優先股，總共投入兩千三百五十萬美元。這是他第一次入資蓋可。

一九八〇年，蓋可經過改革，公司起死回生，股價上升到每股十五美元，巴菲特的原始投資在五年間已經增長六五〇%。對很多投資人來說，這樣的回報率已經可以獲利了解，但他在這五年間持續買進蓋可的股票，總投資額達到四千五百七十萬美元，擁有蓋可三三・三%的股份。之後，巴菲特持續買進蓋可。

一九八〇到九五年間，隨著蓋可營運改善，持續低成本的競爭優勢，於是開始以獲利回購自家股票，使得巴菲特的持股比例上升到五〇%。以一九九五年底的市值計算，蓋可的估值約四十七億美元，巴菲特在一九八〇年投資的四千五百七十萬美元已增值到二三・九三億美元，相當於一五年間的收益率達到五一三六%，每年約三〇%的複利增長率，長期持股的策略獲得豐厚的回報。一九九五年底，他進一步以二十三億美元買下蓋可剩餘的股份，於是蓋可成為波克夏的子公司。

從估值的角度看，蓋可在一九九五年的四十七億美元估值，相當於當年稅前利潤三・〇八二億美元的十五・二倍，也相當於當年收入的一・五四倍。到了二〇一八年，蓋可已是美國保險業巨頭之一，年收入增長到三三三・六億美元，稅前利潤達到二四・四九億美元。如果以一九九五年的估值倍數計算，蓋可在二〇一八年底的估值約在三七二億到五一四億美元之間，平均值為四四三億美元，這代表蓋可的估值在一九九五到二〇一八年這二十三年間增加了九倍多。以獲利金額來看，巴菲特在一九九五年之前投入蓋可的投資金額共為二三・四六億美元，如果不計算股利，則總獲利超過四一九・五四億美元，二十三年間的投資收益率為一七八八％。倘若只計算巴菲特在一九八〇年投資的四千五百七十萬美元的成本，獲利達二二一億美元，投資報酬率超過四八三五八％。再看到一九七五到七六年間，巴菲特原始投資的兩千三百五十萬美元，其報酬率將更高。從這個案例可以說明，真正好的公司並不多，而巴菲特超長期持有的投資哲學獲得了巨大的回報。

在巴菲特眼中，蓋可不僅是獲取資本利得的投資標的，更是源源不斷提供零成本投資資金的企業。長期以來，蓋可所收取的保費為波克夏帶來幾百億美元的免息資金，然後巴菲特利用這些資金再投資。以他過去每年約二〇％的投資報酬率所創造的價值，已經遠遠超過蓋可的保險本業。這也難怪幾乎所有研究巴菲特的文章中，都認為蓋可是他最成功的投資。

巴菲特買進的時點

從巴菲特投資蓋可的過程來看，價格似乎只是扮演了讓他介入的角色。事後看來，巴菲特在一九七五年以二美元買入蓋可股票是一個危機入市的好時點，雖然也承受了較高的經營風險。然而許多資料顯示，巴菲特當時力挺蓋可的執行長拜恩，而拜恩也不負眾望，帶領蓋可走出谷底，為巴菲特初期的投資奠下良好基礎。巴菲特後來在一九七五年購入蓋可剩餘股份時，股價已高達七十美元，比起原始的二美元，股價上升了三十四倍。這時候，買進時點考慮的已經不是市場價格，而是他一再提到公司在未來能產生的價值。他說：「你付的是價格，得到的是價值。」

長期觀察巴菲特後會發現，他都是在對公司有深入了解之後，耐心等待好的時間點，然後進場買入。投資人不用著急的是，在價格波動中，市場從來沒有讓人失望，總在不斷的超漲超跌中浮現好的買點。

巴菲特在一九八八年一月以十億美元購入可口可樂約六・二％的股份，當時是波克夏最大的持股，並在一九九四年將持股增加到一億股。美國股市在一九八七年十月發生黑色星期一的崩盤，市場經過兩個月的盤整及底部測試之後逐漸恢復穩定，但巴菲特並沒有進行所謂的「抄底」，而是在市場估值大幅調整之後才進場，買進的時間點相當保守謹慎。他事後表示，由於購買金額高達十億美元，為了不影響市場行情，光是購入可口可樂就花了近一個月的時間。

一九九四年之後，可口可樂進行了兩次股票除權，巴菲特持有的股數上升到四億股，持有成本為十二・九九億美元，相當於每股三・二四七五美元。以可口可樂今天每股約五十美元的市價計算，巴菲特的持股價值達兩百億美元，未實現投資收益達一八七億美元，投資收益率高達一四四〇%。

巴菲特的許多投資案都顯示，價格或許是短期致勝的關鍵，但他成功的祕訣還是在於長期持有具競爭優勢的公司。對他來說，這是既安全又能有長期高獲利的投資方式。如果找到這樣的公司，事後回頭看當時的價格，其實都是非常便宜的，價格反而不是主要的考慮因素。而巴菲特的天賦除了發現好公司之外，還有就是很早便知道長期持股能產生的效益。他在一九八八致股東的信中說：「當我們擁有一家由傑出管理層領導的傑出企業時，我們偏好的持股期間是永遠。」從一九八八年買入可口可樂到現在，巴菲特一股都沒賣。可以想像的是，對他來說，是以長期持有具競爭優勢的公司超越市場價格的波動。

在我投資挪威郵輪的過程中，雖然在三月二十七日就入場，但是為了資金安全、避免股市再次探底，我將資金分成十一次入場，直到五月初才建倉完畢。從三月底到五月初，其實介入的機會很多，我也不是買在最低點，甚至建倉完畢後還出現帳面虧損。而在買進厄爾德瓦多股票時，市場已經從谷底反彈一個月，有點像巴菲特在等市場穩定之後買入可口可樂。四月底買進厄爾德瓦多時，當時的股價是短期的高點，也出現短期的帳面損失，但公司營運的基本力量不斷推升股價，產生意想不到的快速收穫，而且公司都還沒完全恢復正常營業，一切仍在升值初期。

投資人在決定買入股票時，總是斤斤計較著每一筆購入價格就像打仗的戰略。但隨著時間過去，再回頭看看當初買進的價格，會發現更重要的決定是正確的戰略，也就是選股的決定和持股的耐性。

分散投資還是集中投資？

從巴菲特的持股中，可以發現他從來不是分散投資的實踐者，而是集中資金投資於幾家自己有把握的公司。這樣的投資風格是否風險較大呢？

回想起我在紐約念書的時候，「分散投資以降低風險」理論的鼻祖亨利．馬可維茲（Henry Markowitz）教授剛好是學校老師，也是第一個以研究股市於一九九〇年獲頒諾貝爾經濟學獎的學者，著名理論包括投資學上的「投資組合理論」（portfolio theory）、「效率前緣」（efficient frontier），以及由後來的學者衍生出來的「資本資產定價模型」（capital market pricing model, CAPM）等。在實際應用上，馬可維茲教授的「效率投資組合」（efficient portfolio）理論開啟了美國共同基金市場，透過分散投資，一個投資組合可以在同樣的風險程度上產生最高報酬。

上過馬可維茲教授課程的人都知道，他的整堂課都是統計學，沒有基本面的分析、競爭優勢的比較，也沒有管理人的評估，整個投資組合理論中有一個對「風險」的重要假設。一般人講到風險，指的通常是本金虧損的機率。但投資組合理論定義的風險是「價格的波動」，也就是統計學上的「標準差」（standard deviations）。在投資組合理論中，降低風險最簡單的方法，就是把與價格變動不相關甚至負相關的公司或資產放在一個投資組合。由於一家公司股價下跌時，另一家公司可能會上漲，整體投資組合的波動性就會部分抵消，使得波動度減少，標準差就會變小。於是馬可維茲教授定義的風險就會降低，每一單位風險的回報就會提高，逐漸達成所謂投資組合的「效率前緣」。

但巴菲特完全不支持這樣的理論，也不支持透過分散投資達到降低風險的說法，因為這樣的理論不但完全未考慮公司商業模式、產業趨勢和管理人的能力等定性因素，而且股價的波動也是基於過去的歷史數據，不具有前瞻性。更何況公司股價變動的程度（也就是標準差）有可能發生變化，不是固定的常數。巴菲特從開始投資以來就是採取集中投資，直到後來資金量太大，才逐漸以控股方式擴大投資組合。他說：「風險來自於不知道自己在做什麼。」甚至還說：「分散（投資）是無知的保護。如果你知道你在做什麼，這沒什麼有意義。」

以我自己的經驗，為了了解所投資行業的快速變化，過度分散投資的方式反而分散了精力，也可能超過自己的能力範圍而不自知。相反的，如果能深入了解幾個行業的動態，找到真正的好公司，才是真正降低投資風險的方法。也就是說，風險的降低其實是來自於對投資標的深度了解。如同經營企業，投資人為了培養自身對行業的了解，產生良好的應變能力，如果同時投資四到六家公司已經足夠。

爲什麼巴菲特能成爲最偉大的投資家？

巴菲特出生於美國奧馬哈市，他的投資成效卓越，長年位居世界財富榜前列，其經典名言例如固守「能力圈」、注意「安全邊際」、重視「競爭護城河」等，被全球投資人奉為圭臬，只要參透其中一二，投資功力自然大增。他被華爾街人士喻為「來自奧馬哈的先知」，平易近人、低調樸實的生活方式極受推崇。曾有一段時間我一直思考著，為什麼只有一個巴菲特？在我們身邊如巴菲特這般秉性沉穩、低調工作的大有人在，但為什麼只有巴菲特爬上投資這座大山的高點？

有個寓言故事說，國王迷上了西洋棋，問發明西洋棋的人要什麼獎賞。發明的人說希望在西洋棋格上，第一格放一粒米，第二格兩粒米，第三格放四粒米，直到格子填滿，以此作為獎賞。國王聽了哈哈大笑，馬上就答應了。但沒想到要填完所有格子，需要 18,466,744,073,709,551,615 粒米，就算用整個國家的財力都不夠支應。這個故事說明的就是複利的力量，也可以說是「時間的價值」。巴菲特回到母校內布拉斯加大學演講時，首先提到的概念就是愛因斯坦稱為世界第八大奇蹟的「複利」。

我們身邊或許有能夠持股十年以上的人，但能以大量資金奉行長期持股甚至達三十年的人，可能只有一個巴菲特。他說：「只有當市場休市十年而你還很能開心持股時，才買進一家公司的股票。」還說：「如果你不想擁有一家公司十年，就不要想擁有它十分鐘。」「只買不賣」的持股方式是巴菲特最為人稱道的祕訣，曾有傳言指出，巴菲特在青少年時就跟同伴說，如果他到了三十歲還不是百萬富翁，他願意從奧馬哈最高的樓跳下來。他說：「我一直知道我會富有，從來沒有懷疑過一分鐘。」如今，他已經擁有八六〇億美元的財富。

巴菲特在一九八九年寫給波克夏股東的信中表示，當年公司獲利為十五．一五億美元，而從他接手二十五年來，公司每股帳面價值已經從十九．四六美元成長到四二九六．〇一美元，每股帳面價值的年複合成長率為二三．八%。我在第三章結尾曾提到，挪威郵輪的收益率預計為一九一%，如果以五年的持有期間計算，透過複利，預計收益率剛好也是每年二三．八%。為了說明複利二三．八%的意義，我改用一百萬元來說明，看看經過二十五年二三．八%的複利增長後，財富會累積到什麼程度。

在表7-1中可以看到，到了第五年，一百萬元的本金增長到兩百九十一萬元，也就之前提到的一九一%的收益。如果持續二三．八%的增長，到了第十年，一百萬元的本

表 7-1　本金 100 萬的年化報酬率 23.8% 下的複利增長

年度	年化報酬率	當年收益	累積收益	累積收益率	本金＋累積收益
1	23.8%	238,000	238,000	24%	1,238,000
2	23.8%	294,644	532,644	53%	1,532,644
3	23.8%	364,769	897,413	90%	1,897,413
4	23.8%	451,584	1,348,998	135%	2,348,998
5	23.8%	559,061	1,908,059	191%	2,908,059
6	23.8%	692,118	2,600,177	260%	3,600,177
7	23.8%	856,842	3,457,019	346%	4,457,019
8	23.8%	1,060,771	4,517,790	452%	5,517,790
9	23.8%	1,313,234	5,831,024	583%	6,831,024
10	23.8%	1,625,784	7,456,808	746%	8,456,808
11	23.8%	2,012,720	9,469,528	947%	10,469,528
12	23.8%	2,491,748	11,961,275	1196%	12,961,275
13	23.8%	3,084,784	15,046,059	1505%	16,046,059
14	23.8%	3,818,962	18,865,021	1887%	19,865,021
15	23.8%	4,727,875	23,592,896	2359%	24,592,896
16	23.8%	5,853,109	29,446,005	2945%	30,446,005
17	23.8%	7,246,149	36,692,154	3669%	37,692,154
18	23.8%	8,970,733	45,662,887	4566%	46,662,887
19	23.8%	11,105,767	56,768,654	5677%	57,768,654
20	23.8%	13,748,940	70,517,594	7052%	71,517,594
21	23.8%	17,021,187	87,538,781	8754%	88,538,781
22	23.8%	21,072,230	108,611,011	10861%	109,611,011
23	23.8%	26,087,421	134,698,431	13470%	135,698,431
24	23.8%	32,296,227	166,994,658	16699%	167,994,658
25	23.8%	39,982,729	206,977,387	20698%	207,977,387

資料來源：作者整理

金就增長到八百四十六萬元，收益率超過七倍。如果是巴菲特所說的第二十五年，收益率將是二〇六九八％，超過兩百倍。一百萬元的本金將增長到二·〇八億元，遠高於一般人財富自由所需的金額。如果以巴菲特財富增長的軌跡（參圖7-2）來看，再比較圖7-1，可以發現兩個圖形有異曲同工之妙，但這並非巧合，其實正是絕大多數富人財富積累的軌跡。

只不過投資向來不是一帆風順、波瀾不驚的事業。巴菲特在一九八九年的投資績效是四四·四％，這代表之前有些年度是明顯低於二三·八％，而有些年度的績效則是負數。這些起起伏伏的波動，靠的就是用時間來超越。巴菲特說：「如果你挑對了公司，你會賺很多錢。」他持有的股票看起來一點也不特別，特別的是他長期持有的理念，使他的財富有九九·八％都是五十歲之後才累積的。在長期複利的作用下，巴菲特成為世界上最偉大的投資家。

幸好還有巴菲特

巴菲特曾說：「投資的第一個原則是永遠不要有虧損，第二個原則是永遠不要忘第一個原則。」還說過：「如果要投資個股，在心理上和財務上都要有承受五〇％損失

圖 7-1　23.8% 的複利增長

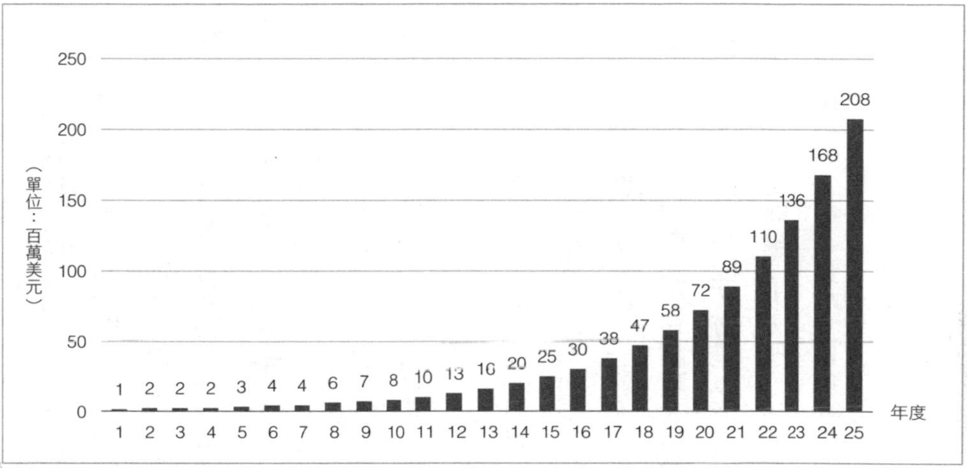

資料來源：作者繪圖整理

圖 7-2　巴菲特財富增長的軌跡

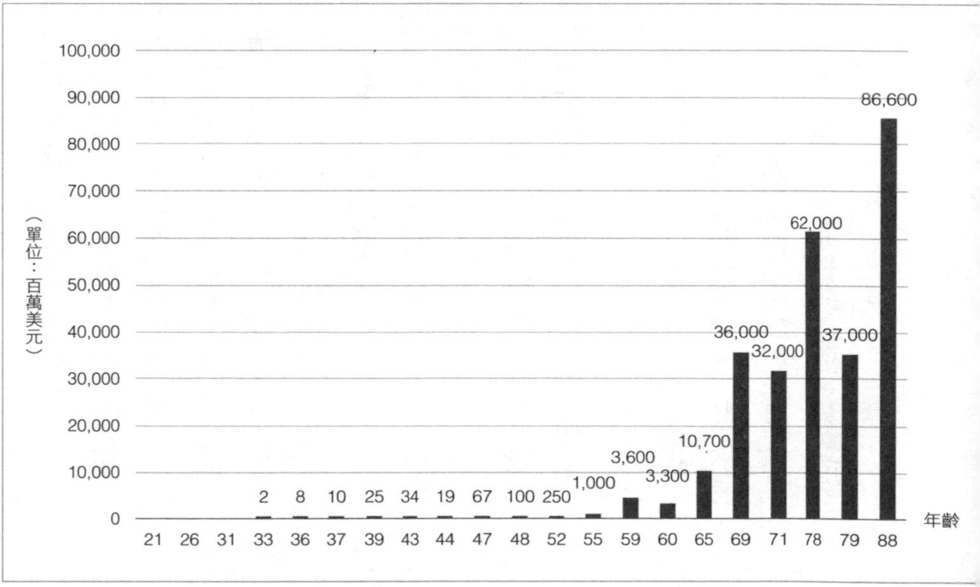

資料來源：GoBankingRates ／作者繪圖整理

的準備。」在我拜讀過對巴菲特的各種研究，以及他在不同時間、場合接受訪談的錄影，這些話突然令人茅塞頓開。如果投資的第一、第二原則都是不要有虧損，而投資個股又有損失五〇%的可能，那麼巴菲特在自己的能力圈裡，尋找具備有持續競爭優勢、由誠實能幹的管理層經營的公司，並以時間克服市場價格波動的投資模式，就有了新的意義。因為只有把資金交給這樣的公司，在什麼事情都會發生的股市裡，我們才有把握資金能安然度過難關，就算有損失，也只是暫時的。長時間下來，它不但降低了風險、保護了資金的安全，而且以一般人忽略的複利效應達成難以想像的資金成長。

巴菲特在股市投入了上千億美元，每天都面臨著政治變動、市場風險和商業競爭等各種不可測的因素，而他卻說自己每天就像「跳着踢踏舞去上班」。這正是因為真正看清楚市場變動的本質和價值增長的規律，並且謹慎選擇投資標的，知道資金是在有寬廣護城河的城堡中安全增長，才有可能在投入巨資之後還能如此輕鬆自在。足見巴菲特重視資金安全的程度，遠遠超過一般人的想像。

他在自己的能力圈對公司經理人與競爭優勢進行深度研究，對公司產生了解、信任和支持的信念。如果說巴菲特是以能力圈、品性能力和競爭優勢為座標而發現了財富的寶藏，那麼在時間的維度中，他因為懷著對公司的了解、信任和支持的信念，因而安心地擁有所投資的公司。寶藏一直都在，但會隨著時間不斷增值，巴菲特開啟財富寶藏的鑰匙，就是安心地讓一流的經理人在有寬廣護城河的城堡中，為自己投資的公司不斷創造價值。每天有那麼多優秀的人為你製造財富，你還能不開心嗎？

巴菲特說過：「時間是好公司的朋友，是爛公司的敵人。」在重視資金安全的前提下，他的投資自然達成了資金增長的目的。如果每個人投資時都能善用巴菲特的投資思維，以時間開啟財富的寶藏，相信人人都能致富。

巴菲特的老搭檔、波克夏公司副主席蒙格曾說，和巴菲特比起來，我們「老得太快，聰明得太晚」。在現代的社會裡，追求財富是普遍的現象，而人們看到的往往是財富積累後所展現的華麗炫目表象，而不是過程中樸實堅韌的智慧。財富的積累就像一道難解的謎題，能夠揭開這道謎題以及真正做到的人，永遠是少數。還好在研讀有關巴菲特的書和報導後發現，他十年、二十年以來所說過的投資哲學都是一致的。不禁讓人慶幸人間還有巴菲特，不但給追求財富的人們留下最好的榜樣，也留下一條可以追隨的軌跡，讓人相信最簡單的道理往往有最強大的力量。如果能了解資本市場的本質，好好持有具競爭壁壘的公司，並讓複利發揮作用，一切都為時不晚。

第八章

與美國共舞

巴菲特一再強調，他最慶幸的就是出生在美國，
其實是他慶幸自己能投資在美國的資本市場，
讓他能長期持有好公司。過去這麼多年來，
只有美國的資本市場提供了一個長期穩定而有利的環境，
這是投資人選擇投資美股最重要的原因，
也是巴菲特智慧的終極啟示。

奉行資本主義的美國，經濟執世界之牛耳。在美國，包括聯準會以及企業界的許多創新性做法，往往以國家利益和企業本身的競爭力為優先考量。但在全球互相關聯的作用下，種種創新的做法，一方面直接影響了各國央行的貨幣政策和企業經營管理，另一方面也間接影響了全世界人民財富的分配。然而對經濟和企業有利的政策，不見得是對所有人都有利的措施。投資人有必要了解所處的大環境，掌握影響全球的大趨勢，以做出更好的決定，創造更最大的財富。

爲什麼要投資？

在今天，投資本身已經不只關乎投資的收益，而更是財富的保值和增值。我的朋友圈裡也有一位知名醫生，為了小孩留學的學費而離開大醫院，在台北開起醫美診所。工作多年後發現，工作固然可以增長見識、經驗和能力，但隨著收入提高，生活各方面的支出也在增加。同時，台灣的最高個人所得稅率是四〇％，中國更高，達四五％，要依靠工作積累財富顯然不易。甚至可以說，在現代的經濟體制下，除了極少數精英能持續領著超高薪，或領到公司大量的股票（或股票選擇權），以維持生活水準或創造財富，對絕大多數人來說，不投資所代表的結果勢必是財富的落後、生活水準的倒退，甚至是退休後的隱憂。

有點諷刺卻又不得不面對的現實是，促成這一切發生的，往往是現代企業為了謀求企業生存、提高生產力，以及各國央行為了促進經濟增長、平穩度過各種危機所採取的種種措施。到目前為止，資本主義仍是人類有歷史以來運行最好的經濟體制，形成源源不斷的財富增長。但在資本主義的指引下，如果未察覺政府和企業在種種做法對財富分配造成的「不經意的結果」，就難以明白自身的處境，以及為了跟上時代的變化、避免遭時代淘汰所應採取的行動。

家庭收入跟不上整體經濟的成長

二〇一四年，國際勞工組織（International Labour Organization）發表了一篇專文，指出從一九四五年開始，美國家庭收入的中位數隨著整體經濟生產力的提升而增加。到了一九七〇年代中後期，整體經濟生產力持續提高，但家庭收入中位數的增長卻呈現停滯現象。原因在於，整體經濟生產力的提高往往是因為資本投入自動化設備與科技研發的結果，也就是說，除了勞工創造的生產力，還有資本創造的生產力，所以公司除了給勞工適當的報酬，也必須給股東或投資人適當的回報。

令人不安的是，許多人都面臨薪資收入停滯的現象，這對一般人財富的影響是，光依靠自己勞動生產力創造的財富必然有限，因此得仰賴資本的生產力幫忙創造財富，才能早日實現財富自由。有句俗話說「讓你的錢工作」就是這個道理，財富的積累必須靠投資來完成。

量化寬鬆造成財富縮水

二〇〇八年因為金融危機，聯準會首次實行量化寬鬆，資產負債表從不到一兆美元大幅增加到二〇一四年底的四．五兆美元。二〇二〇年因為新冠肺炎疫情，聯準會進一步實施無限量化寬鬆，資產負債表在五月十八日突破七兆美元。問題是，這麼大的貨幣供給量，美國為什麼沒有出現通貨膨脹？在美國的歷史上，最糟的通貨膨脹率為二九．八％，發生在一七七八年，其次是一九一七年的一九．七％。而在兩次量化寬鬆時期，美國的通貨膨脹都維持在正常可接受的範圍。二〇二〇年四月，甚至因為石油價格下跌了三二％，美國的通貨膨脹率反而下降到了〇．三％。對於這個現象，德意志銀行（Deutsche Bank）首席國際經濟學家托爾斯坦．斯洛克（Torsten Slok）這樣寫道：「你完全可以按照自己的意願去擴張聯準會的資產負債表，增加貨幣供應。只要這些貨幣是流入資產交易領域，而非現實經濟交易領域，就不會造成通貨膨脹。」也就是說，聯準會量化寬鬆的資金透過國債、公司債、貨幣市場基金等金融商品的購買，進入了資產交易的的領域，而沒有流向貨物交易的市場，因此造成的結果不是貨物的通貨膨脹，而是資產的通貨膨脹。

根據英格蘭銀行（Bank of England，即英國央行）在二〇一二年七月十二日發表〈購買資產造成的分配效應〉（The Distributional Effects of Asset Purchases）一文，指出如果沒有英格蘭銀行的量化寬鬆政策，英國的失業率會更高，破產的公司會更多，經濟成長會更低。當時英格蘭銀行的資產購買計畫（即量化寬鬆）幾乎全以英國國債為主，卻造成投資人對其他資產如股票需求增加，促使上市公司的股價上升。同時，量化寬鬆政策的施行造成國債價格上漲，債券預期收益率下降，銀行利率也因為寬鬆的貨幣政策而跟著下降，存款收益受到不同程度的影響。對於沒有擁有資產、只擁有存款的人來說，量化寬鬆政策對財富產生的影響反而是負面的。

聯準會第一次實行量化寬鬆政策之後，歐盟央行和日本央行跟進，中國人民銀行也推出四兆人民幣的刺激計畫，貨幣供給進入金融市場，同時部分借貸給各式投資人，購買各式資產，直接的結果就是各類資產價格上漲。資金氾濫造成過去十幾年來全球房價上揚，美國股市也走了十一年的多頭市場。

資產價格上漲導致財富相對貶值，讓一般人感受最深的恐怕是房價。以我在上海工作的陸家嘴金融區為例，二〇〇七年的普通二手房房價為每平方公尺一萬四千元人民幣，到了二〇一九年變成每平方公尺要價七萬元人民幣，上漲了四〇〇%。對於必須在上海生活的人來說，這十幾年來如果沒有買房，最大的感受應該就是財富的縮水和購房的壓力。

持有金融資產比重決定財富水平

由於預期資產價格上漲，擁有資產的人成為量化寬鬆政策最大的受益者。因應新冠肺炎疫情，聯準會在二〇二〇年三月二十三日宣布實施無限量化寬鬆，雖然聯準會的資產負債表在五月中才突破七兆美元，但三月二十三日當天就是這次熊市的谷底，市場再也不回頭。華爾街已經了解量化寬鬆政策可能帶來的影響，而因應的最好方法就是跟著買進資產。

在亞洲，由於房地產持有成本低，不像美國有高額的房產稅，因此過去幾十年成為投資人的最愛，房價如預期上漲，加上銀行融資的配合，降低了資金要求的門檻。但隨著全球房價普遍上揚，房地產價格已經超過一般人可負擔的範圍，同時由於租金收益率降低，房地產的黃金年代已過，或許個別建案還有發揮空間。但是如果從經濟發展和資產增值、保值的角度來看，為了因應全球央行聯手的寬鬆政策，預計能夠源源不絕產生獲利的優質公司股票和ETF等，將成為資金追捧的對象，也將是實現財富自由的重要管道。

以美國高度成熟的經濟體來看，擁有股票、共同基金等金融資產已是一般人投資理財的主要方式。圖8-1顯示，二〇二〇年第二季美國最富裕的一％人民所擁有的資產，有五九％集中在股票、共同基金和私人企業股權等金融資產，房地產和退休金帳戶資產只占十七％。而財富底部的九〇％族群則以擁有房地產和退休金帳戶為主，占了六四％，股票、共同基金和私人企業股權等金融資產只占十一％。美國人民隨著富裕程度增加，擁有金融資產的比例也明顯提高。

從圖8-2進一步看到，從一九〇〇年第二季到二〇二〇年第二季這三十年間，美國最富裕一％人口的財富從五兆美元增加到三四．二兆美元，增加了二九．二兆美元。而底層五〇％人口的財富則從〇．七四兆美元增加到二．〇八兆美元，僅僅增加了一．三四兆美元，兩者差距高達二一．八倍。如果以百分比計算，三十年間美國前一％人口的財富增加了五．八倍，而底層百分之五十人口只增加了一．八倍，富者愈富的情況非常明顯。兩者財富增加速度的巨大差異和持有的資產有直接關聯，持有優質金融資產的比重多寡，則成為決定財富水平的重要分水嶺。

圖 8-1　美國不同財富階層擁有資產類別的比例（2020 年第 2 季）

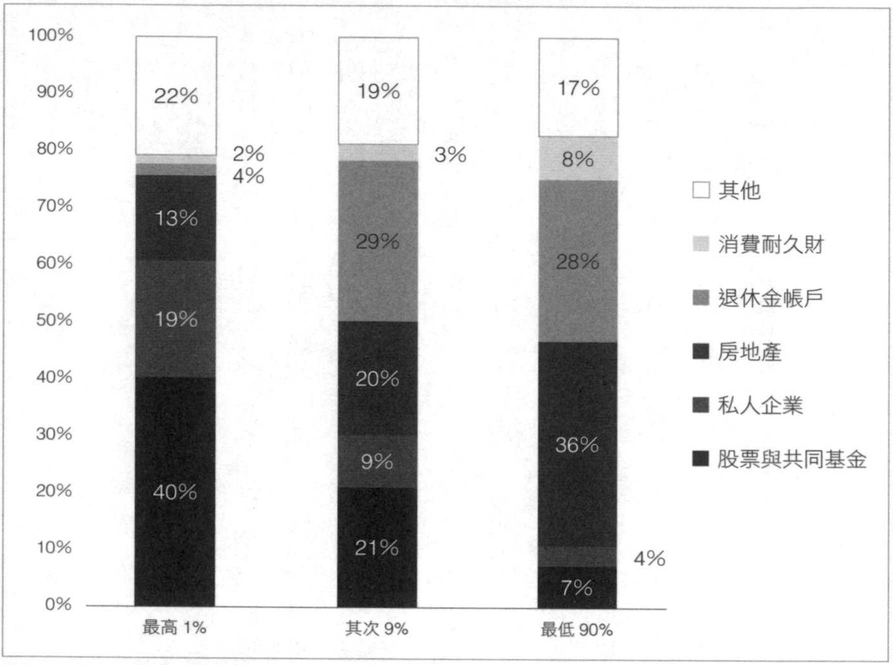

資料來源：聯準會／作者繪圖整理

圖 8-2　美國最富裕 1% 與底層 50% 之財富變化

（1990 年第 2 季至 2020 年第 2 季，單位：兆美元）

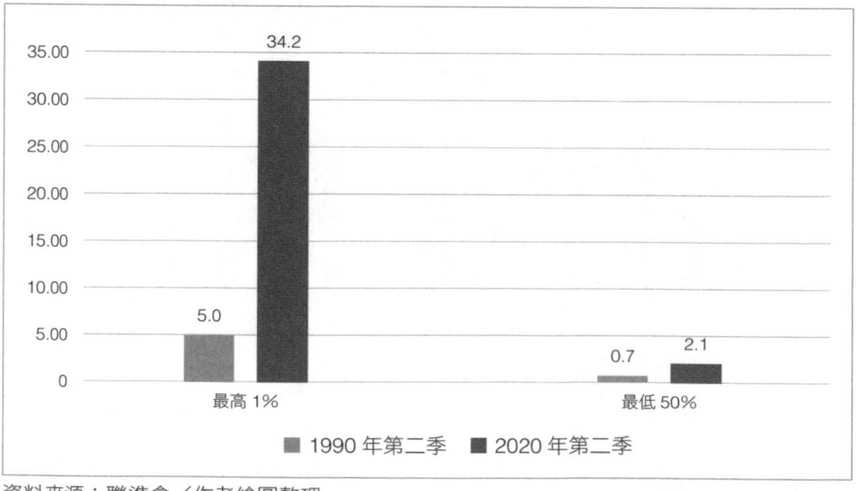

資料來源：聯準會／作者繪圖整理

爲什麼要選擇美股？

二〇一九年底，美國股市總規模達到三七．七兆美元，是全球規模最大的資本市場。資本的本身兼具了貪婪和恐懼的特性，是最難管理的市場，對於資本市場的治理，除了要有透明的揭露以取得投資人的信任、高效的執行以確保市場的效率，以及嚴格的法令以確保投資人的權益外，還需要有優質的上市公司、理性的參與者以及國家政策的支持，以保障投資人長期的收益。

美國的資本市場有穩定的退休金基本盤，由龐大的機構投資人組成，並在嚴格的監管下透明高效，同時擁有全美政治、經濟精英跨部會的支持，不但獲得了全球投資人的信任，長期下來還為投資人產生良好的收益。可以說，美國的資本市場發展到今天，已成為全球最具競爭優勢的機制，是國家體制下最耀眼的明珠，吸引了全球的資金，也值得大家關注。

穩定的基本盤

促使我全心投入美國股市的原因有二。

第一是在二〇一六年一月，兒子在美國大學畢業後找到人生第一份工作，他讓我看了公司提供的四〇一K退休金計畫，投資標的選項有股票型、債券型和混合型，還附上每一個投資標的逐年的報酬率及其基金管理公司，其中包括我之前任職的美銀美林。美國的退休金交由私人金融機構管理，透過這些機構投入資本市場。退休金管理機構必須定期向投資人揭露投資績效，如果績效不好，投資人可以轉換或終止合作關係，形成一種制衡和鞭策的力量。退休金管理機構的投資回報對退休金的擁有者是公開的，彼此也互相競爭。為了維持龐大的退休金客戶，勢必要盡一切努力達成客戶交付的使命。

退休金本身的特質就是追求穩定的報酬，而不是短期的暴利。根據聯準會的統計和稅收政策中心（Tax Policy Center, TPC）的計算，美國股市居然有高達三七％的股票市值為退休金帳戶所擁有。三七％的退休持股相當於十三・九兆美元，這個金額超過了位居第二位、總值為十一・七兆美元的大陸股市規模。

這麼多的退休金停留在美國股市不是一天造成的，從圖8-3可以看到，這個比例從一九六五年的不到一〇％，隨著美國股市的健全逐年增加到今天的規模。退休金本身具有不追求暴利的特性，將近四成的退休金持股，形成了穩定美國股市的基本盤，完全符合長期投資人的需求，這也是我轉向投資美國股市的重要原因。

圖 8-3　1965-2015 年美國股票的擁有情況

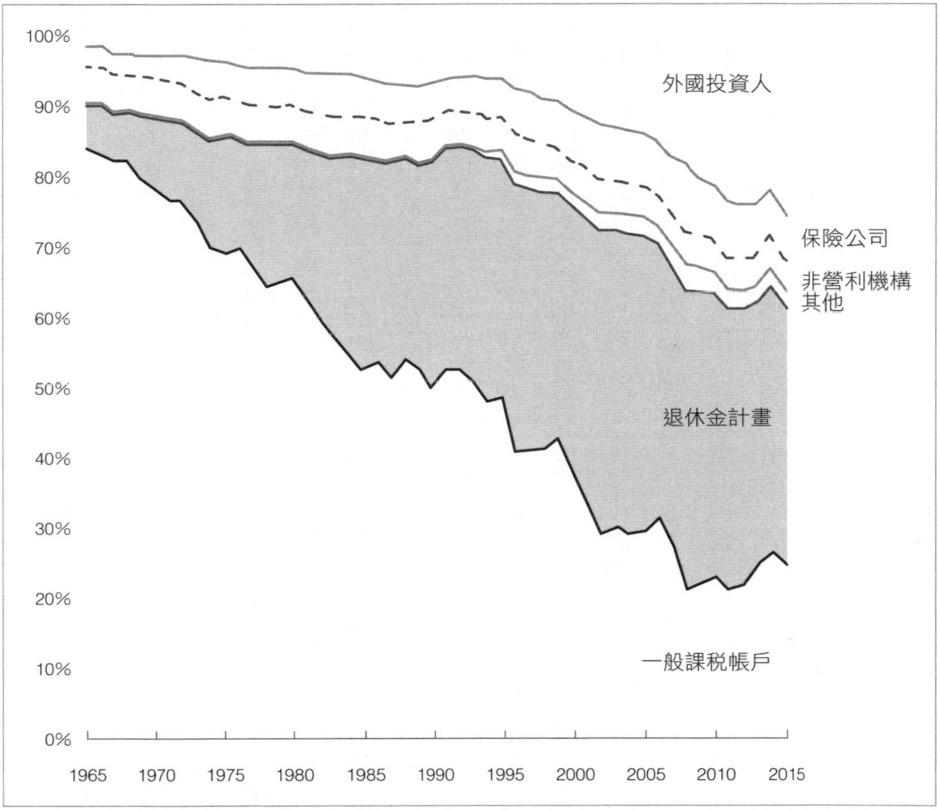

資料來源：聯準會、稅收政策中心

理性的參與者

第二個原因是發生在二〇一五年的中國大陸股災。由於大陸股市有九〇%為個人投資者，因此換手率⑲很高，和台灣早年的股市一樣，容易暴漲暴跌。當年市場下跌時，即使是獲利好、成長快、行業地位高、甚至有政策支持的企業，股價也照樣下跌，無一倖免。有人形容這就好像二〇一四年發生在上海外灘的三十萬人踩踏事件，當三十萬人朝你奔來，你只能往一個方向跑，一如投資人為了減少損失就只能賣出。股市下跌情況慘烈，基本面無用武之地。這個經驗讓人深刻體會到，資本市場的參與者之間互相影響，市場的大環境往往決定了投資人的心態和行為。

整體來說，美國的資本市場約有八〇%由共同基金、對沖基金與私募基金、商業和投資銀行、保險公司和大學捐贈基金等機構投資人所持有。對市場的好處是，機構投資人以犀利的眼光及時買進公司股票，增加了市場價格的競爭力，改善了資金的配置，並且有效督責上市公管理階層。機構投資人一般也聚集了優秀人才，擁有廣泛的業界觸角，能夠進行深入研究，並經由內部績效的追蹤考核，容易達成理性的投資決策。對市場的參與者而言，減少了暴漲暴跌的機率。

慶幸的是，與世界一流的機構投資人一起投資時，雖然競爭者增加了，但是在這樣一個市場裡，巴菲特的老師、也就是價值投資之父班傑明・葛拉漢（Benjamin Graham）說的「股市短期是投票機，長期是秤重機」，才可能實現，深度的基本面研究才得以派上用場。

嚴格的監管

新冠疫情期間，大陸連鎖咖啡第一品牌瑞幸咖啡（Luckin，股票代號：ＬＫ）自曝大幅營業收入造假案，華爾街為之譁然。二〇二〇年五月十五日，那斯達克交易所對瑞幸咖啡發出退市通知，公司管理層不僅損失上億，而且官司纏身，可能還要面臨多年的牢獄之災。

同一天，北卡羅萊納州共和黨參議員理查・伯爾（Richard Burr）涉嫌在疫情前聽取參議院內部簡報後出脫手中持股，遭法務部調查是否有內線交易行為而辭去參議院情報委員會（Senate Intelligence Committee）主席一職。

從這兩起事件可以看到美國證交所監管十分嚴格，由於資本市場犯罪的成本高昂，上市公司管理階層只能兢兢業業地為公司和股東服務，即使是政府高官也難越雷池一

⓳ 換手率，又叫做「周轉率」，指的是市場的股票在某段時間內買賣的頻率，是衡量股票流通性強弱的指標。

步，讓所有參與者無需擔心公司弄虛造假、市場價格被操縱而蒙受損失。美國看似不近人情的法律，卻充分保護了沒有內幕消息的投資人。

同時，在資本逐利的心態下，許多專門做空的機構潛心研究上市公司的商業模式、會計準則與商業行為，一旦發現可疑或不合理的內部會計做帳，甚至是不法或不實的商業行為，馬上發布做空研究報告，配合資金操作，讓該公司股價大跌。空頭大軍的存在已慢慢變成另一股監督上市公司的機制，公司唯有真正透明、高效、獲利良好，才能獲得投資人的青睞。

另外，在美國的股市還有一批律師事務所專門收購股東委託書，針對公司的不當行為要求賠償，例如公司發表誤導性言論造成股價波動，或以非法商業手法從事業務，因不當營利造成投資人的損失。這使得公司高層為了避免法律訴訟，不論是從事業務或對外公告，無不高度自律，專心公司的經營。

美國的資本市場法令規範嚴明，沒有國界的限制，而機構投資人成熟精明，資金運作安全高效，因此吸引了龐大資金，是全球最具競爭優勢的體制。這也是為什麼多年來，有愈來愈多美國人願意把退休金放在資本市場的原因。從另一個角度看，如果美國的資本市場出現問題，不僅是最大的社會問題，也是全球經濟的災難。經過這麼多年千錘百鍊，法令固若金湯的美國資本市場是一顆耀眼的明珠，以奪目的光芒吸引全球目光，而無論是為了市場順利運作或純粹為了逐利，它最成功之處就是毫不鬆懈的監管機制，充分保障善意而不知情的投資人，贏得全球廣大投資人的信賴。

國家機制的支持

在CNBC的報導中，有個特別的部分就是CNBC會在市場交易時間，全程直播財政部長和聯準會主席接受國會議員監督質詢的整個過程。能在市場頻繁交易的時間讓世界一流的財經媒體轉移注意力，完全集中在兩位重量級財經人士身上，這說明了他們對美國經濟和華爾街的重要性。

在口才便給的國會議員輪番上陣質詢中，雖然有人態度刁鑽地提出問題，但更多的是議員莊重讚美財政部長和聯準會主席在危機中的表現。從很多地方可以看到，表面看似高度辯論、吵吵鬧鬧的政治底下，其實是一流政治精英對經濟如火純青地拿捏和適時提出的政策，使得這個世界第一大經濟體能夠運作良好。CNBC記者有時會評論說沒聽到什麼新意，但事實是因為政策一步到位，自然不需要大動作的調整。

在整個質詢過程中，執世界經濟牛耳的財政部長和聯準會主席展現了謙遜的態度、濃厚的工作使命感和高度的應對EQ，質詢的國會議員則適時提供建議，補全政策細節，甚至問到非聯準會職責範圍的事務，整場聽到的讚美感謝遠多於雄辯苛責。

對華爾街的投資人來說，除了有司法機構的強力監管以外，在經濟下行的時候，還有聯邦政府強力的財政政策、立法機關的支持和聯準會不可阻擋的貨幣政策支持，因此市場得以快速復甦，使投資人的資金獲得額外保障。如果美國國家的治理是在行政、立法和司法三權分立的架構下運作，那麼資本市場就是建立在白宮、國會、法院加上聯準會這四大支柱的支持上運行，成為美國甚至全球財富聚集的殿堂。

投資美股之所以能單純地看一家公司未來的成長與獲利，而不需要過度擔心資本市場大環境變動的風險，是因為背後有強大而穩定的支持機制，長期下來對投資回報產生了巨大的正面影響。投資人如果能意識到這點，就能體會到投資美股的優勢。

穩定的市場回報與較低的市場風險

多數人都知道，美國股市長期以來給了投資人良好的回報，綜觀一九九一到二〇二〇年九月近三十年間標普五百指數和那斯達克指數每年的收益率（參圖8-4、8-5），我們可以得到下列五點結論：

一、近三十年間，標普五百指數每年的複利收益率為七．九八%，以科技股為主的那斯達克指數表現超越標普五百指數，其收益率為十一．九一%，這其中還經過了二

圖 8-4　標普 500 指數 1991 到 2020 年 9 月的回報率

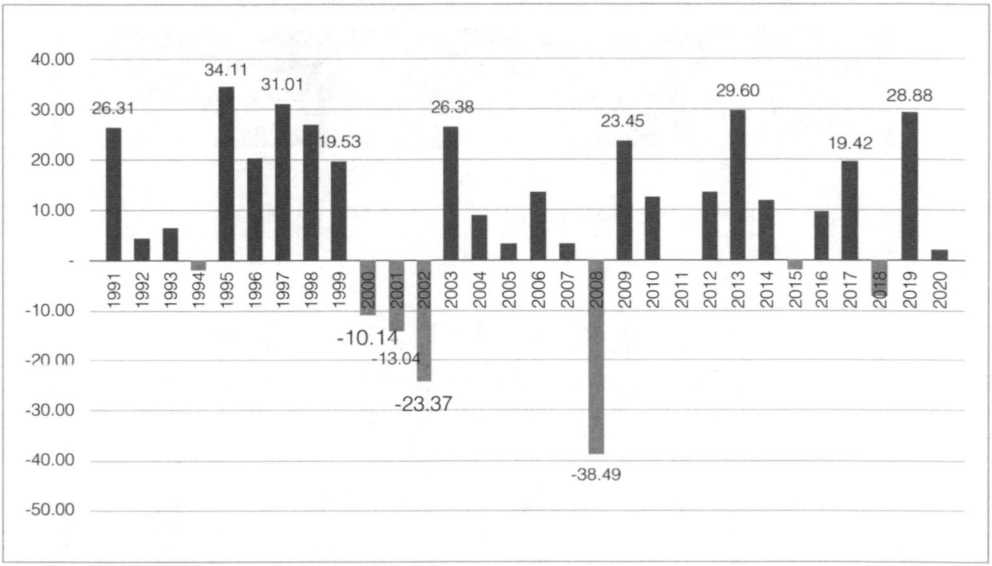

資料來源：作者繪圖整理

圖 8-5　那斯達克指數 1991 到 2020 年 9 月的回報率

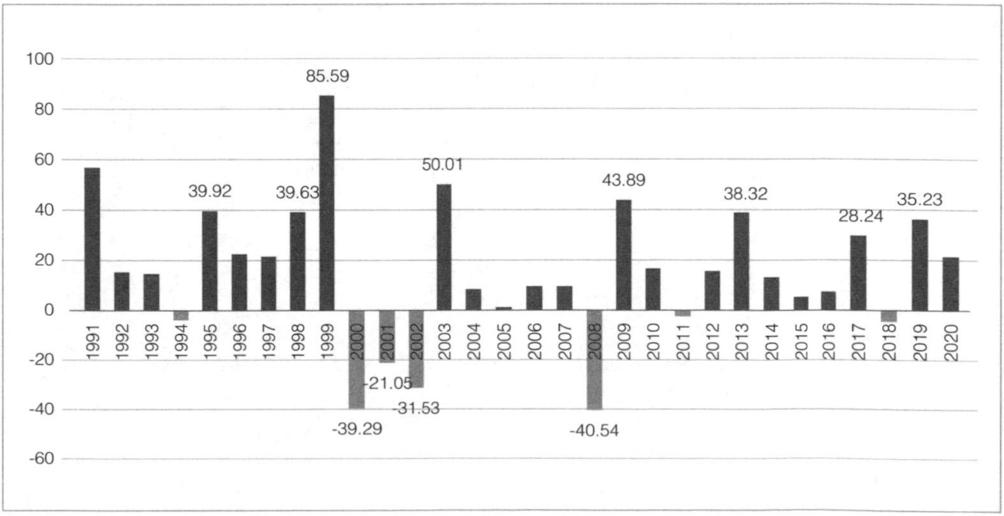

資料來源：作者繪圖整理

表 8-1　標普 500 指數與那斯達克指數的回報與風險

指數	過去 30 年（1991-2020 年 9 月）			過去 10 年（2011-2020 年 9 月）		
	回報率	投資 $1 結果	負回報年數	回報率	投資 $1 結果	負回報年數
標普 500	7.98%	$9.99	7	10.10%	$2.62	2
那斯達克	11.91%	$29.22	7	14.73%	$3.95	2

資料來源：作者整理

〇〇〇年的網路泡沫和二〇〇八年的金融危機。如果把一美元在一九九一年投資於標普五百指數與那斯達克指數，到二〇二〇年九月將增值為九．九九美元與二九．二二美元，報酬率分別是八九九％與二八二二％，遠超過大多數的投資商品（參表 8-1）。

二、如果把時間縮短，只看二〇一一到二〇二〇年九月的績效，標普五百指數每年的複利收益率為一〇．一〇％，而那斯達克指數的複利收益率則高達十四．七三％。兩大指數的收益率都十分優異，那斯達克指數的收益率較高，但波動性也略大（參表 8-1）。

三、從一九九一到二〇二〇年九月近三十年間，兩大指數經歷了七年的負收益。比較嚴重的是二〇〇〇到二〇〇二年間的網路泡沫以及二〇〇八年的金融危機，指數下滑超過兩位數，而一九九四、二〇一五和二〇一八年的跌幅則是輕微的個位數。

四、值得注意的是，兩大指數在二〇〇〇年的網路泡沫期間，出現連續三個年度大幅度的負收益，但二〇〇八年的金融危機所造成的經濟傷害更大，負收益卻只有一年。那一年，聯準會在九月十五日實施量化寬鬆政策，華爾街花了六個月的時間沉澱市場，兩大指數在二〇〇九年三月初觸底，當年就走出了熊市。

五、在二〇二〇年新冠肺炎疫情中，聯準會在三月二十三日宣布實施無上限量化寬鬆，華爾街只花了一天就消化了籌碼，脫離谷底，三月二十四日當天，指數以史上最高單日上漲點數收盤，華爾街再也不回頭。

兩大指數在五個月內就回到疫情前的高點。可見聯準會把握經濟火候的力度正在加強，華爾街的反應也在加速。量化寬鬆政策增加了投資人對股市的信心，大幅縮短熊市的時間。聯準會掌握經濟的做法如果能持續，有助於日後指數的穩定成長，那麼投資美國股市的風險就會降低。

標普五百指數代表美國最具代表性的五百家大公司，如果你相信這五百大公司的獲利會不斷攀升，那麼標普五百指數就值得投資了。巴菲特向來鼓勵一般投資人直接投資於標普五百指數而非個股，原因就在於美國股市長期的報酬。

近幾年來，美國投資界也利用那斯達克指數回報率高於標普五百指數的特性，發展出「ProShares三倍做多那斯達克指數ＥＴＦ」（ProShares UltraPro QQQ，股票代碼：

TQQQ）。在同一時期，TQQQ的投資回報率約為那斯達克指數的三倍，當然價格變動也放大了三倍，適合對投資科技股指數型ETF有信心的投資人。此外，美國股市有許多專門投資各產業的ETF，例如看好雲端產業未來發展的「Global X雲端運算ETF」（Global X Cloud Computing ETF，股票代碼：CLOU），由美國主要雲端企業構成，疫情期間的股價表現優於大盤。

巴菲特智慧的終極啟示

巴菲特靠複利的力量創造了巨大的財富，但複利必須靠時間才能創造奇蹟。要讓投資能在很長一段時間產生適當的報酬，除了投資的公司必須是長期經營績效良好，還要有安全、穩定且有利於投資人的大環境，才可能實現巴菲特長期持股的理念。

巴菲特在二〇二〇年五月的股東大會說過，投資美國市場，就是在與本質上有利的事情打交道。唯有投入一個本質上有利的市場，投資人才可能去除對公司內幕交易的恐懼，專心一致地研究公司的經營績效，確保值得長期持有。如果投入一個本質上對投資人不利的市場，那麼投資人內心一定十分忐忑不安，在這樣的心情下，又如何能安心地長期持有公司股票？複利如何能發生作用？這也說明了為什麼是在美國這樣的經濟體出現了巴菲特這樣的人物。可以說，如果沒有美國穩定的資本市場，就沒有巴菲特一生傳奇的故事。

巴菲特一再強調，他最慶幸的就是出生在美國，其實沒說出來的事，是他慶幸自己能投資在美國的資本市場，讓他能長期持有好公司，以看似簡單的投資理念產生巨大的回報。他在二〇二〇年的股東大會上還說了另一句名言：「不要與美國對賭。」（Never bet against America.）言簡意賅，一語道出了美國股市的優越性與美國企業長期發展的韌性。過去這麼多年來，只有美國的資本市場提供了一個長期穩定而有利的環境，這是投資人選擇投資美股最重要的原因，也是巴菲特智慧的終極啟示。

後記

三月底的基輔，街上空蕩蕩的，一個人也沒有，天空偶爾還飄著雪。走在街上，吸著冷冷的空氣，頭腦格外清醒。這不禁讓我回想起二〇一八年五月趁著去波士頓參加女兒的大學畢業典禮，順便飛到巴菲特住家的所在地，也就是奧馬哈市。想從「奧馬哈的先知」的居家環境和日常生活中，親身領略一個美國中西部的城市如何孕育出有史以來最偉大的投資家。

奧馬哈之旅

奧馬哈的機場不大，設施有點老舊。我在候機大廳休息一會兒，注意到身邊兩位男士正盯著膝上的手提電腦螢幕，聚精會神、滔滔不絕地討論各種財務比率和投資回報等。再環顧四周，發現竟大都是這樣的人。我才明白，原來前一天是巴菲特的年度股東大會，很多人趕著搭飛機回家。在我這麼多年的金融業生涯，去了這麼多次世界各地的金融中心，從未像在奧馬哈聽到這麼多人談論財務數字。旅途才剛開始的我，已經覺得值回票價了。

為了近距離感受巴菲特的生活，我在離巴菲特住家走路不到五分鐘的 AirBnb 租了一個房間。房東說，每年這個時候，房間總是客滿，讓人有「山不在高，有仙則靈」的感覺。看來，像我一樣不遠千里來朝聖的訪客應該不少。

來基輔之前，我曾比較過基輔和奧馬哈的天氣，發現兩地的氣溫非常相似。每年十一月的溫度由正轉到零下，十二月開始下雪，一直要到三、四月份才可能回暖。不禁想著，長時間居住在這樣的天氣，會對人產生什麼影響呢？是否這也是讓巴菲特能特別專注的原因之一？二月的基輔依然滿地白雪，而三月的封城又讓我神遊到奧馬哈，因為五月的奧馬哈儘管晴空萬里，街上依舊人煙稀少，想像在冰雪滿地的三月，路上肯定看不到一個人。奧馬哈的冬天和三月封城的基輔市中心，景致應該有異曲同工之妙，我心中的好奇似乎得到解答。

在奧馬哈的那段時間，我每天起床後就先去巴菲特的家，然後走路不到半小時的路程到他辦公的奇威廣場大樓（Kiewit Plaza）。第一次站在巴菲特的家門前拍照，我在臉書上留言，人生少了一個遺憾。走在巴菲特每天上班的路上，一方面感受他的生活，一方面領略當地的風光，再慢慢地將行程擴大到他的母校內布拉斯加大學，參觀當年他曾經駐留的圖書館，還去了他最喜歡的牛排館，品嘗當地的牛排。所到之處，感受到的都是當地簡單樸實的生活。而正因為在這樣一個冬天長達半年且遠離塵囂、樸實無華的地方，巴菲特以其特的專注力，心無旁騖地取得巨大的成就。

人生意外的挑戰

二〇二〇年五月底，我在烏克蘭封城期間完成這次的投資行為後，與花旗銀行前同事謝小姐分享了我的想法。由於謝小姐寫過三本書，她鼓勵我把這次的經歷寫下來。

一想到寫書，立刻讓我想到當年在花旗銀行負責台塑集團年度評估報告的經驗。為了分析整個集團合併後的績效，我不眠不休地花了三個多月的時間，才完成涵蓋台塑集團超過二十家企業、厚達五百頁的報告。當年台塑集團是台灣最大的商業集團，而花旗銀行是台塑集團最大的往來銀行，該報告可能是當年銀行界最大的企業年度評估報告。我送出報告之後，不但受到亞太區域總部的重視，花旗銀行旗下的所羅門美邦證券公司（Salomon Smith Barney）負責石化的研究員也飛來台北拜訪。

有了這樣的經驗，當謝小姐建議可以寫作出書時，我心裡浮現的第一個想法是：這要花多少時間啊？想到要投入的時間和精力，就讓我不敢輕易承諾。

在與謝小姐的通話中，聊到的一個主題就是：為什麼巴菲特能持股這麼久？這是個長久以來一直盤旋在我心中的問題。結束電話後，一方面可能是心中疑惑的召喚，另一方面或許是異鄉封城帶來的專注，讓我一開始書寫便停不下來。當時我以手寫輸入的方式在手機的備忘錄上寫作，一開始經常埋首到半夜兩三點，後來竟有三週時間是徹夜不眠到隔天中午十二點，日夜完全顛倒。

想想如果不是遇到封城，如果不是隻身一人在東歐，這部作品還不一定能完成。人生往往就是這麼奇妙，在這段記錄自己研究的過程及投資想法的期間，因為對巴菲特做了更多且更深入的了解，漸漸的，對於「為什麼巴菲特能持股這麼久」的問題有了明晰的答案。

在寫作過程中，不知怎的一直想起在前交通銀行總行徵信處的第一份工作經驗。當年交通銀行具有政策性銀行的特殊角色，為工業界提供策略性放貸，因此經常要出差到各個工業區去評估客戶的投資案，而每個投資案都要做五年評估。我開始意會到，巴菲特的每一次進場也都是一個超過五年的投資案，不是一般的買進股票，而每一次的投資案要過關，並不會只是注意價格。試想，當我們以自己的資金進行投資時，是否也應該持有同樣嚴謹的態度？如果把每一次買進股票都當做一個投資案來評估，無論是投資的思維或持有的期間都會產生巨大變化。此時，我想起巴菲特的話：「如果人生只能做二十次投資，只要做對四、五次，你就會非常富有。」仔細體會他這番話的深意，再加上自己的人生觀察，我想人生只要有兩次收益三〇〇%的投資，存款由一百萬增長到四百萬，然後由四百萬增長到一千六百萬，就能實現財富自由。如果有第三次收益三〇〇%的投資，資產由一千六百萬增長到六千四百萬，那就能實現財富富裕的夢想。以人生二、三十年的投資時間，如果及早開始，人人都有機會達成。

最後，要特別要感謝謝小姐給我的建議，有了她的鼓勵，我才有動筆的念頭。同時也要感謝她對本書的初審以及遠流出版公司的意見回饋與出版，讓本書的內容與結構更臻完善。謹以此書分享我的投資心得，希望大家都能夠早日實現財富自由與財富富裕的人生。

【特別聲明】

這本書是我在二〇二〇年股市因疫情進入熊市時的研究與分析，書中所涵括的資訊及個人研究資料或許不適用於所有人。因此當您依本書資料採取行動之前，建議應審慎考慮或諮詢專業人士。若使用本書資訊進行投資所產生之風險，與作者和出版公司無涉。

我為什麼敢大膽買進暴跌股，挑戰獲利 300%
巴菲特心法完全實踐表的投資告白

作者／張明華

副主編／陳懿文
封面設計／謝佳穎
行銷企劃／鍾曼靈
出版一部總編輯暨總監／王明雪

發行人／王榮文
出版發行／遠流出版事業股份有限公司
地址／100 臺北市南昌路二段 81 號 6 樓
電話／(02)2392-6899 傳真／(02)2392-6658 郵撥／0189456-1
著作權顧問／蕭雄淋律師

2020 年 12 月 1 日 初版一刷
定價／新臺幣 380 元（缺頁或破損的書，請寄回更換）

ISBN 978-957-32-8914-2
YL*ib*—遠流博識網 http://www.ylib.com E-mail:ylib@ylib.com
遠流粉絲團 http://www.facebook.com/ylibfans

國家圖書館出版品預行編目 (CIP) 資料

我為什麼敢大膽買進暴跌股，挑戰獲利 300%：巴菲特心法完全實踐者的投資告白／張明華著 .
-- 初版 . -- 臺北市：遠流出版事業股份有限公司，2020.12
面； 公分
ISBN 978-957-32-8914-2（平裝）

1. 股票投資 2. 證券市場 3. 美國

563.53 109017898